尽 善 尽 美 🗊 弗 求 弗 迪

保险100问系列

张民 著

年金保险 100问

电子工业出版社

Publishing House of Electronics Industry

北京·BEIJING

内 容 简 介

这是一本系统讲解年金保险知识的普及读物。本书共分基本概念、年金养老、人生规划、财富管理、投保实务5章，通过100个问题，从年金保险的基本概念和实操角度出发，对年金保险创造长期现金流、使资产安全增值、强制储蓄、专款专用、复利增值等功能进行了解读。

本书可以帮助保险从业者和广大保险消费者了解年金保险的特性，掌握用年金保险对养老、子女教育、财富保值增值、财富传承等进行规划的方法。

图书在版编目（CIP）数据

年金保险 100 问 / 张民著 . — 北京：电子工业出版社，2023. 11
（保险 100 问系列）
ISBN 978-7-121-46586-4

Ⅰ . ①年… Ⅱ . ①张… Ⅲ . ①养老保险－问题解答
Ⅳ . ① F840.612-44

中国国家版本馆 CIP 数据核字（2023）第 204347 号

责任编辑：王陶然
印　　刷：鸿博昊天科技有限公司
装　　订：鸿博昊天科技有限公司
出版发行：电子工业出版社
　　　　　北京市海淀区万寿路173信箱　邮编：100036
开　　本：787×1092　1/32　印张：11.75　字数：273千字
版　　次：2023年11月第1版
印　　次：2025年3月第5次印刷
定　　价：69.00元

凡所购买电子工业出版社图书有缺损问题，请向购买书店调换。若书店售缺，请与本社发行部联系，联系及邮购电话：（010）88254888，88258888。
质量投诉请发邮件至zlts@phei.com.cn，盗版侵权举报请发邮件至dbqq@phei.com.cn。
本书咨询联系方式：（010）68161512，meidipub@phei.com.cn。

前 言
FOREWORD

　　2013 年，当时的中国保监会决定，把每年的 7 月 8 日定为"全国保险公众宣传日"，主题是"保险，让生活更美好"。彼时，距离 1815 年保险在中国首次出现已经过去 198 年，离 1979 年全国保险工作会议决定恢复保险业务，也已过了 34 个春秋。

　　作为一种现代金融、法律工具，无论是在国家、社会层面，还是在企业、个人层面，保险都有着重要的、不可替代的价值，发挥着保障人民生命和财产安全的重大作用。根据银保监会[①] 披露的数据可知，2021 年全国保险业总计赔付保险金 1.6 万亿元，连续六年理赔超过万亿元。与此形成鲜明反差的是，社会上仍有一部分人对保险（尤其是人身保险）有着深深的误解，对基本的保险知识缺乏必要的了解。在我国已经成为全球第二大保险市场、全国保险公众宣传日已启动近 10 年的今天，这种反差需要被抹平。

　　为了消除大众对保险的误解、普及保险常识，我们策划了这套"保险 100 问系列"图书。

[①] 银保监会，即中国银行保险监督管理委员会。2023年3月，中共中央、国务院印发的《党和国家机构改革方案》中明确：在中国银行保险监督管理委员会基础上组建国家金融监督管理总局，统一负责除证券业之外的金融业监管，作为国务院直属机构，不再保留中国银行保险监督管理委员会。由于本书引用的文件仍然有效，为了不引起读者的混淆，本书仍保留银保监会的称谓。

这套书既是工具书，也是知识普及读物。我们根据每本书的主题，精选 100 个大众经常遇到、容易产生误解的问题，并给出专业的解答。当你在日常的工作和生活中碰到某个问题时，可以通过检索目录，有针对性地阅读相关章节。书中的案例描述、思维导图（表格）、延伸阅读部分，可以帮助你更好地理解、把握相关内容。你可以像使用字典一样使用这些书，解决遇到的具体问题。

这 100 个问题并不是随意堆放的。在设计每本书的目录时，我们除了考虑它实用、工具的属性，还要求问题与问题之间具有逻辑上的关联，即所有的问题组合在一起，能系统地体现相关主题的整体面貌。可以这么说，书中每个问题的解答都包含至少一个知识点，这些知识点相互结合，构成了这本书相关主题的完整图景。你可以像阅读一本普及读物一样，从第一页读到最后一页，以全面了解、学习相关主题的知识。

这套书既适合保险从业者，也适合保险消费者。经过几十年的发展，我国的商业保险市场正在进行专业化转型。在这个转型浪潮中，保险从业者，尤其是保险营销员这个群体，有的人掉队了，有的人在坚守，有的人取得了骄人的业绩。大浪淘沙，留下的是金子。最后能够在这个行业中闪闪发光的，一定是拥有专业能力的那一批人。这套书不仅是对相关问题的简单解答，还深入阐述了诸多问题背后的保险原理、法律依据、行业规范等。借助这套书，我们相信保险从业者的专业能力定能更上一层楼。

作为保险消费者，你既可以从实用角度阅读这套书，合理配置保险，也可以从"无用之用"的角度阅读这套书，了解保险业务背后的思维模式、科学原理。保险是一种有着诸多功能，因而也有着复杂结构的产品，保险消费者如果自己不了解一些保险知识，又遇到不够专业的保险营销员，就有可能踩到各种"坑"，发生各种理赔纠纷。而遇到相关问题时如果能随手翻一翻这套书，也许就能避开一堆麻烦。从另一个角度讲，作为一种风险管理工具，保险是人类理性智慧的结晶。它是如何看待各种风险的？它是怎样通过巧妙地搭建一个架构，实现风险转移的？……通过保险的视角看世界，你会有惊喜的发现。这种"无用之用"的阅读，能帮你打开一道门，进入新天地。

《论语》里有一句大家耳熟能详的话："学而时习之，不亦说乎？""学"固然重要，更重要的是能"习"，也就是把学到的东西融入我们的精神和人格，应用到实践当中。这样"学"与"习"，才能带来喜悦。对于这套书，我们希望你不仅能从中学到知识，还能把它利用起来，无论是为自己配置合适的保险产品，还是为客户提供更科学合理的保险规划，真正实现"保险，让生活更美好"。

保法城邦编辑部

2022 年 10 月

序 言
PREFACE

"认同" 激发热情

"你一个清华大学计算机系硕士毕业的理工男，为什么要卖保险？"从 2010 年进入保险行业到现在，我不断被问到这个问题。

回首当初，我一无销售经验，二无广泛人脉，是哪儿来的勇气让我一头扎进保险行业，从零开始去做一个普通的寿险代理人呢？答案就是：创业的热情和对成功的渴望。

经过十几年的积累，我已成为金融保险资深专业人士、商业讲师、私人财富管理师，业务范围覆盖家族信托、银行理财、基金投资、上市公司大股东证券服务等。即便如此，对于保险配置和保险客户服务，我依然热情不减。这源于我对保险行业的深度思考，对保险价值的高度认同。

与其他很多产品相比，保险产品的配置需要更强的专业性。先不说保费的厘定、核保的标准、理赔的尺度这些后台环节，即使是与保险消费者息息相关的保障范围、返还条件、责任免除等，也让许多人感觉云里雾里。问个简单的问题：无论是买保险的，还是卖保险的，有多少人完整地阅读过一遍保险合同？我相信，只要认真读过的人，一定能切切实实地感受到保险的专业门槛与价值。

除了保险条款的专业性，保险产品更重要的价值，体现在一份保单所承载的"人生财务规划"中。可以说，一份保单所承载的，是面对疾病时的从容，是悠长养老时光中的优雅，也是子女脸上浮现的感恩的笑容。保险是现代生活的必需品和家庭财富管理的地基。

正是基于这种价值认同，我将"以专业规划陪伴美好人生"作为自己的从业信条——这也是我希望这本书传递的理念。

"认知"改变趋势

保险是一种很特殊的商品，人们无法在购买时就体验到它的作用。因此，一个人配置保险的行为完全反映了其认知。

人们认知到风险的发生具有不确定性，从而用保险提前进行风险规划，这是保险的基础功用；人们认知到保险的法律框架可以隔离风险，保险的制度安排可以弥补人性弱点，从而用保险提前进行财富保全安排，这是保险的通透运用。

尽管因为新冠疫情的原因，保险行业产生了一些波动，保险从业人员的数量也大幅减少，但全行业的保费收入仍然保持每年增长。随着各种理财产品收益率的下降，人们对财产的安全性提出了更高要求，年金保险受到越来越多的人的重视，亿元级保费的年金保单不断增加，单个保险合同的保费不断创新高。

这背后的原因在于，随着中国人整体财富水平的提升，人们越来越认知到保险，特别是年金保险在安全储蓄规划、养老金与教育金储备、财富管理、财富传承等方面的独特优势，并开始主动寻求专业的保险配置方案。

年金保险将在中国人的资产配置中占据越来越大的比例，这是确定的趋势。

"认真"创造价值

怀着对保险的敬畏之心，从业十几年来，我始终没有停止学习的脚步。这让我受益颇深。自己从专业中受惠，也希望惠及他人，因此我有了将自己的所思与所得行文成书，以传播给更多人的想法。恰逢友人约稿，选题为"年金保险"，这既是我的专长，又是目前图书市场空缺的主题，我便欣然动笔。

在写作过程中，我始终以一颗"认真"的心，为行业、为保险消费者创造阅读价值。我力求做到：普通人读得懂，每句话有依据，从业者有提升。

普通人读得懂。本书主要是写给广大保险消费者的，因此，我尽可能用简单平实的语言，讲清年金保险的相关概念、功能、配置方法等。但愿我的讲述，让保险消费者既能了解年金保险的专业知识，也能感受到它的平实与亲切。

每句话有依据。对行业中存在的"以讹传讹"，我一直深恶痛绝。只要有利于销售，个别保险营销员就断章取义、移花接木，甚至凭空捏造所谓"重大消息"。这种行为既损害了客户利益，也损害了行业形象。鉴于此，我在写作过程中尤其注意所写内容的真实无误，力求做到不但言之有理，而且言皆有据。

从业者有提升。作为贯通证券、银行、保险全品类的财富管理师，我尤其体会到保险顾问应该具备财务规划的全局观。保险是资产配置的工具之一，要想帮助客户做好保险配置，先要通盘审视客户整个家庭的资产配置与生活规划，而后布局——如同了解了整个装修风格，才能恰当地推荐一把椅子。因此，本书力求帮助从业者在深入理解年金保险方面"沉下去"，同时在打开财富管理格局方面"提上来"，切实提升服务客户的专业能力。

虽然本书经过一年多的打磨，但毕竟个人能力有限，难免仍有疏漏与不足，请读者不吝指正。我的邮箱：imzhangmin@gmail.com。

感恩恩师杨迪、于彤的教诲，感恩一路遇到的行业中的各位前辈、老师的帮助和鼓励。

同时，本书送给我的儿子张诚予。

张　民

2023 年 9 月

目录
CONTENTS

年金保险 100 问

第五章
Chapter 5

投保实务

Chapter

第一章

一

基本概念

01 什么是年金保险?

小丽：小博，我老公是一个做什么事都特别小心的人，生怕家里人遇到风险，所以把终身寿险、重疾险、医疗险、意外险，都给家里人配齐了。昨天他和我说，保险顾问向他介绍了一种用来存钱的保险，叫年金保险，建议他买一份。他头一次听说这种保险，对于这种保险能起到什么作用，不是很清楚，他就问我懂不懂。我也不太了解这种保险。听大家说你是理财达人，我想向你请教一下。

小博：客气了，请教谈不上，你有什么问题尽管问，我一定知无不言，言无不尽。

小丽：那你能不能先告诉我，年金保险到底是什么？

▶▶▶ **专业解析**

简单来讲，年金保险就是可以提供定期、持续现金流的保险产品。投保人一次性或按期交纳保费，保险公司在被保险人生存时，按年、半年、季或月给付生存保险金，直至被保险人死亡或保险合同期满。我们以给自己买养老年金保险为例。我们一次性或分几年交一笔钱给保险公司，保险公司承诺从某个年份开始，只要我们活着，就每年或每月返还一笔养老金，直到我们去世或某个约定的期限为止。

理解年金保险的关键，在于理解"年金"这一概念。年金的英文是"Annuity"，是指一定时期内每次等额收付的系列款项。生活中，我们用年金的概念来描述周期、金额相对固定的一系列现金流，比如养老金。因为金额固定、周期固定，所以养老金就是一种形式的年金。

年金保险合同中有四个角色：交纳保费的人是投保人，保险公司的保险标的是被保险人，因被保险人生存而获得保险公司给付的生存保险金的人是生存受益人，因被保险人身故而获得保险公司给付的身故保险金的人是身故受益人。

有人可能会说"年金保险就是帮我们存钱的保险"，真的这么简单吗？是，也不是。

年金保险的基本概念很好理解，但它作为一种特殊的金融产品，有其独特性，包括安全性、确定性、长期性，以及法律保证性、权属确认性，等等。在上述几个简单概念和特性的支撑下，年金保险如万花筒一般，衍生出创造长期现金流、使资产安全增值、强制储蓄、专款专用、复利增值等诸多功能，能够帮助我们实现财务规划和财富管理的很多目标（见下图）。

年金保险　　　　　　　　　　　　**财务规划与财富管理目标**

年金保险特性	年金保险功能
安全性	创造长期现金流
确定性	使资产安全增值
长期性	强制储蓄
法律保证性	专款专用
权属确认性	复利增值
……	……

现金流规划	教育金规划
养老金规划	资产配置
财富传承规划	资产隔离
婚姻财产规划	税务筹划
……	……

年金保险的特性、功能以及能实现的目标

教科书中对年金保险的定义：

年金保险是指保险金的给付采取年金这种形式的生存保险，而年金是一系列固定金额、固定期限的货币的收支，年金保险合同即以该保险为内容的合同。①

---

① 孙祁祥.保险学[M].7版.北京：北京大学出版社，2021：150.

02 年金保险为什么"火"起来了?

小丽:经过你的介绍,我大概知道年金保险是什么了。我老公的保险顾问和他说,年金保险最近可"火"了,很多人都在买。这是真的吗?

小博:是的。如今,年金保险得到越来越多的关注,其保单规模也越来越大。大约十年前,年交几十万元保费的保单就是大单了;现在,年交几百万元保费的保单很常见,年交千万元、上亿元保费的保单也屡见不鲜。

小丽:那我想知道,怎么年金保险突然就"火"起来了呢?

▶▶▶ 专业解析

年金保险"火"起来,是中国经济发展、人民财富增长到某个阶段的必然现象。具体来说,有以下四个原因。

1. 理财市场的变化

年金保险的一项基本功能是投资理财。大约十年前,年金保险产品给人的印象是投资周期长、资金使用不够灵活、收益比其他理财产品低。如今,理财市场发生了巨大的变化。首先,各类理财产品的收益普遍降低;其次,金融监管政策变化巨大。过去,在银行、信托公司等金融机构购买的投资理财产品即使出现亏损,相应的机构也会负责解决,个人投资者基本上不会受到损失——这叫刚性兑付。但在新的金融监管政策下,银行理财产品、信托产品等投资理财产品的刚性兑付被打破，即不得承诺"保本保息"。在此背景下，人们发现，相较而言，年金保险在投资的安全性与收益性的平衡上具有独特的竞争优势，甚至仅就收益率而言，也具有相当大的吸引力。

2. 养老需求的扩大

随着我国人均寿命的提升，老龄人口迅速增加，养老服务需求日益增长。由于现阶段养老资源的稀缺，导致养老服务成本不断升高，因此，在社保养老金的基础上，提高个人养老金的储备显得越发迫切且重要。而在养老规划中，年金保险是刚需。

发达国家的历史也证明了这一点。从发达国家的经验来看，随着社会老龄化程度的加深，养老年金保险的配置比例会不断提升。

3. 高净值人群的财富管理需要

高净值人群在财富管理方面的需求更加多元化，既有资产增值的需求，也有财富保全、资产隔离、财富传承的需求。年金保险所具有的诸多功能，能够匹配高净值人群的多元化需求。

4. 保险公司的转型升级

自 20 世纪 90 年代至今，我国的保险行业经过 30 多年的快速发展，整体规模持续扩大。根据国外保险行业发展的一般规律，随着社会财富的积累，民众保有金融资产比例的提升，保险公司会更加重视与财富管理、养老金规划等有关的保险产品的开发。这是因为这类产品的保费通常较高，对扩大保险公司资金规模的作用明显。而保险公司经过几十年的发展，积累了大量经验，对大规模资金进行投资管理的专业能力不断增强。随着保险资金规模的扩大，保险公司利用其专业能力，将更多的资金投入资本市场，获取了更多的利润，实现了保险公司的转型升级。

　　目前，我国很多保险公司都把年金保险作为重要的业务增长点，在年金保险产品的设计、销售和资金管理等方面做了大量资源的倾斜。保险公司经营重点的变化，也使得年金保险越来越"火"。

▶▶▶ 延伸阅读

　　在发达国家的发展历程中，一个经济体人均 GDP（国内生产总值）超过 1 万美元，一般意味着保险市场加速发展的拐点即将到来。2019 年，我国人均 GDP 超过 1 万美元，意味着我国保险行业也将进入发展的"快车道"，而年金保险将在居民家庭资产配置中扮演越来越重要的角色。

03 年金保险是人寿保险吗?

小丽:人寿保险我是懂一点的。人寿保险以被保险人的生存或死亡为给付保险金的条件。你说年金保险是提供现金流的保险,该怎么理解呢?这笔钱什么时候能拿到呢?

小博:年金保险的保险金给付方式不同,有的在被保险人活到某个时间后定期给付生存保险金,有的在被保险人身故后给付身故保险金。

小丽:等等,我有点迷糊。年金保险可以在人身故后拿到钱,人寿保险也可以在人身故后拿到钱,那年金保险和人寿保险有什么区别呢?

▶▶▶ 专业解析

我们可以从两个方面区分人寿保险和年金保险:一方面是定义,另一方面是功能。

人寿保险和年金保险都属于人身保险,人身保险还包括健康保险和意外伤害保险(见下图)。

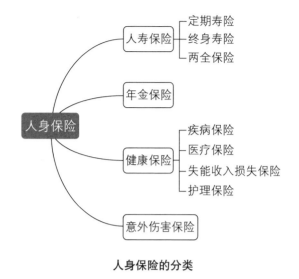

人身保险的分类

中国保险监督管理委员会[①]在2015年发布的《人身保险公司保险条款和保险费率管理办法（2015年修订）》中，对人寿保险和年金保险的定义如下：

人寿保险是指以人的寿命为保险标的的人身保险。人寿保险分为定期寿险、终身寿险、两全保险等。

年金保险是指以被保险人生存为给付保险金条件，并按约定的时间间隔分期给付生存保险金的人身保险。

简单理解就是，人寿保险主要"保死亡"，在人（被保险人）

---

① 中国保险监督管理委员会，简称保监会，于2018年撤销，机构职能并入中国银行保险监督管理委员会。

身故后给付一笔保险金；年金保险主要"保生存"，在人（被保险人）活着时细水长流地给付保险金。

另外，人寿保险有一种类型叫"两全保险"。两全保险除了可以在被保险人身故时给付保险金，还可以以被保险人生存为条件给付保险金。

▶▶▶ **延伸阅读**

根据《保险常识 100 问》一书的介绍，人身保险按照保险期间分，可以分为短期险（一年及以下）和长期险；根据实施方式分，可以分为自愿人身保险和强制人身保险（如社保），等等。养老金保险、教育金保险等，则是保险公司根据投保人投保的特定目的，对某些保险产品进行的命名。

严格来说，年金保险属于人寿保险的一种。但在实践中，年金保险的功能越来越受重视，市场占比越来越高，因此，行业内普遍将年金保险视为与人寿保险并列的一个险种。比如，保监会发布的《人身保险公司保险条款和保险费率管理办法（2015 年修订）》及孙祁祥教授撰写的《保险学》（第七版），都将年金保险与人寿保险并列。本书说到的人寿保险，如无特别说明，都不包括年金保险。

《人身保险公司保险条款和保险费率管理办法（2015 年修订）》对两全保险的定义如下：

两全保险是指既包含以被保险人死亡为给付保险金条件，又包含以被保险人生存为给付保险金条件的人寿保险。

04 年金保险的类型有哪些?

小丽：昨天回家，我和老公讲了什么是年金保险。他说我讲的这些都是基本概念。除了基本概念，他还想知道年金保险都有什么类型。你能不能和我讲讲？

小博：你们夫妇真是爱学习。好的，今天我就给你讲讲年金保险都有什么类型。

▶▶▶ **专业解析**

我们在选购年金保险时，可能听说过普通型年金保险、分红型年金保险、投资连结型年金保险、万能型年金保险等。这些实际上是保险公司从设计类型上对年金保险做的分类。

普通型年金保险，通俗地说，就是交费形式与保单收益都确定的年金保险。普通型年金保险在保险合同中确定了投保人的交费数额、交费年限，也确定了保险公司什么时候给付生存保险金、每次给付多少、总计给付多少次，以及被保险人身故后给付多少身故保险金，等等。最重要的是，普通型年金保险的收益率是确定的。

分红型年金保险与普通型年金保险的不同之处在于收益率的不确定性。分红型年金保险有一个保证收益，但实际的分红收益具有不确定性。它有可能高于保证收益，也有可能等于保证收益，但不会低于保证收益。有人可能会觉得分红型年金保险比普通型年金保险好，其实不一定。同期市场上的分红型年金保险产品的保证收益，一定会低于普通型年金保险产品的固定收益。也就是说，普通型年金保险是固定收益产品，而分红型年金保险是"保证收益＋浮动收益"产品，这个"保证收益"会低于普通型年金保险的固定收益。

万能型年金保险是保证收益确定，但交费形式与保单实际收益不确定的保险产品。签订这类保险合同时，投保人需要交纳一笔初始费用，后期可以追加保费，即使哪一年不交保费，保单也不会失效（可能会影响一定的保险利益）。投保时一般不约定返还的方式，投保人可以让保单的账户价值持续积累增值，等到领取时再和保险公司确定返还的方式。在保单持有期间，投保人可以灵活地领取部分账户价值。万能型年金保险合同仅约定了保证收益，实际收益是不确定的，以保险公司资产运营的实际收益为准。万能型年金保险产品的内容比较复杂，本书其他章节会有详细讨论，此处就不赘述了。

投资连结型年金保险是保险和投资相结合的保险产品。投保人所交保费一部分用于保险合同约定的风险保障责任，另一部分由保险公司用于投资增值。保险公司可以用保费配置各类风险等级的资产以获取收益。投资连结型年金保险的产品结构和万能型年金保险相似，只是连最低保证收益也没有，即投保人保险账户里的资金是有可能发生亏损的。由于存在这种潜在风险，投资连结型的保险产品并不是目前市场上的主流产品。

以上四种年金保险各有特点，除投资连结型年金保险比较少见外，其他三种的适用范围都比较广，客户可以根据具体的需求进行选择。

保监会在 2015 年发布的《人身保险公司保险条款和保险费率管理办法（2015 年修订）》中，从产品的分类及产品设计类型两个维度对人身保险产品进行了划分。

第二章　设计与分类

第七条　人身保险分为人寿保险、年金保险、健康保险、意外伤害保险。

第八条　人寿保险是指以人的寿命为保险标的的人身保险。人寿保险分为定期寿险、终身寿险、两全保险等。

定期寿险是指以被保险人死亡为给付保险金条件，且保险期间为固定年限的人寿保险。

终身寿险是指以被保险人死亡为给付保险金条件，且保险期间为终身的人寿保险。

两全保险是指既包含以被保险人死亡为给付保险金条件，又包含以被保险人生存为给付保险金条件的人寿保险。

第十七条　人身保险的设计类型分为普通型、分红型、投资连结型、万能型等。

05 年金保险的主要特性有哪些?

小丽:你说了这么多设计类型的年金保险,我得消化一下。不过,虽然有这么多设计类型,但既然都是年金保险,总有些共同点吧?年金保险的主要特性是什么呢?

小博:厉害!看人看个性,看事看特性。选择一款保险产品的确要从认识它的产品特性开始。

▶▶▶ **专业解析**

在购买金融产品之前,我们先要了解产品的特性,然后才能适当地进行选择和配置。健康保险、人寿保险、意外伤害保险是为应对某种风险而设计的一种保障机制,其主要特性是对发生的风险进行经济补偿。年金保险有所不同。虽然都属于人身保险,但年金保险不是以某种风险的发生作为主要给付条件的,而是以被保险人的生存作为主要给付条件的。那么,这种类型的保险有什么主要的特性呢?

1. 安全性

在资产配置中,我们看重年金保险最主要的原因是其安全性。我们以合同的方式约定生存保险金、身故保险金的给付方式,可以在合同中清晰地看到投入的本金数目、返还的本金加收益的数目,资金的安全性一目了然。除此之外,年金保险的安全性还有多重保证,包括国家对保险公司运营的监管、《中华人民共和国保险法》

（以下简称《保险法》）的保护，以及保险保障基金的支撑等。

2. 确定性

我们在投保一份年金保险时，对于如何交纳保费，保单的资产总规模，何时返还生存保险金，返还多少生存保险金，返还多少身故保险金，身故保险金返还给谁，身故保险金在不同受益人之间分配的比例是多少等，都会明确地写在保险合同里。

3. 长期性

年金保险合同的期限可能长达 5 年、10 年，甚至终身，这意味着我们在投保年金保险时规划了一笔长期资产。相对而言，其他很多金融产品的投资周期比较短，比如定期存款的周期一般是 1 年、3 年，最多 5 年。年金保险的长期性意味着，我们在投保时就锁定了年金保险合同有效期内的收益率。年金保险的长期性可以与我们的养老金、教育金等长期财务规划相匹配。

4. 法律保证性

保险是一种特殊的金融产品。年金保险合同有相应的保险法律法规对合同的规范性、完备性、可执行性进行保证。

保险合同中关于保险金给付的约定有法律作背书，即使保险公司出了问题，监管机构也会依法保证投保人、被保险人、受益人的权益。

5. 权属确认性和权益分离性

保险合同中有三个角色：投保人、被保险人、受益人。从投保人交纳保费起，就将原本属于投保人的资产通过年金保单进行了权属的重新划分，而且这种划分在保险合同中有明确约定，是经法律认可的具名划分。投保人在保单有效期间享有保单财产的所有权，被保险人享有生存保险金受益权，身故受益人享有身故保险金受益权。年金保险所具有的权属确认性和权益分离性，使其具备了资产隔离、财富传承等功能。

了解了年金保险产品的特性，我们就可以根据自己的需要，充分发挥其相应功能的作用了。

▶▶▶ 延伸阅读

在法律保证方面，保险合同有一个非常大的特殊性：保险合同成立后，投保人可以解除合同，保险公司不可以解除合同（法律规定及合同约定的特殊情况除外）。这在《保险法》第十五条中有明确规定。这意味着投保人在终止保险合同方面拥有与保险公司不对等的权利。

《保险法》第十五条规定如下：

除本法另有规定或者保险合同另有约定外，保险合同成立后，投保人可以解除合同，保险人不得解除合同。

06 年金保险有什么不好的地方吗?

小丽:听你这么说,年金保险确实不错。不过,俗话说"甘蔗没有两头甜",要是只有好没有坏,谁还把钱存银行,不是都去买年金保险了吗?年金保险有什么不好的地方吗?

小博:物无全美,确实没有一款保险产品能适应所有情况、满足所有需求。我们不仅要了解年金保险的优点,还要了解它的缺点,才能做出最适合自己的保险配置方案。

▶▶▶ 专业解析

一般而言,一种金融产品不可能同时具备高安全性、高收益性和高流动性。也就是说,在理财市场中,我们不可能找到这样一种金融产品——不但安全,而且收益高,还能随时取出。

比如,活期存款非常安全,还能随时取出,但收益肯定不会太高;同样是安全性很高的定期存款,一年期比三年期的流动性更高,但收益自然会低一些;货币基金、余额宝等理财产品的流动性很高,也比较安全,但收益不会很高。那些宣传"不但安全,而且收益高,还能随时取出"的产品,必定是有问题的。

下面我们就从这三个角度来看看年金保险的优缺点。

年金保险的优点在于安全性高、收益稳定、长期收益好。在安全性高的金融产品中,年金保险的长期收益率很稳定。通常,年金保险合同会约定最低保证收益,分红型年金保险还可以获得分红。

另外，年金保险的稳定收益是有长期保证的。

年金保险的缺点则主要表现在以下三个方面。

1. 投保前期的资产流动性较差

年金保险只有被长期持有，才能实现投保人在投保时的长期规划，获得较好的理财收益。相应地，年金保险的资产必须持有一定的周期，不可以随意取用。一般来说，年金保险的资产只能通过合同约定的几种方式使用，没有那么灵活。不过对于年金保险的这一点不足，我们在一定程度上可以通过保单贷款的方式进行弥补。关于年金保险的保单贷款的内容，本书第17节会有专门论述。

2. 提前退保有可能损失本金

配置年金保险是一项长期资产规划，要做好长期持有的准备。不过，要是实在没有办法，必须动用年金保单内的资金，我们可以通过退保将这份保单变现。退保时，保险公司退给投保人的是保单的现金价值，但是大部分年金保险在首次交费后的一定时间内，其保单现金价值都会低于所交保费。年金保险中所谓"回本"的说法，指的是在退保时，投保人拿回的保单现金价值与所交保费持平。不同年金保险"回本"的时间不同，但就目前市面上的年金保险来说，最快的也要4~5年。

3. 短期收益率不高

受限于保险产品必须按合同约定保证给付的特性，以及法律法规、监管政策的要求，我国的年金保险在资金的投资运用方面以"稳"为主。因此，就短期收益率来说，年金保险相较于股票、基金等，其数据并不惊艳。当然，如果把投资周期拉长来看，就另当别论了。

总之，年金保险和其他金融产品一样，有着自身的特性及优缺点，我们应该根据自身需求合理配置。

▶▶▶ **延伸阅读**

分析金融产品时，我们通常会用到"不可能三角"理论：一种金融产品不可能同时具备高安全性、高收益性、高流动性。下表从这三个角度出发，对六种当下最常见的金融产品进行了对比。

六种金融产品的安全性、收益性、流动性对比

金融产品	安全性	收益性	流动性
活期存款	高	低	高
定期存款	高	中	中
货币基金	高	低	高
股票	低	中／高	高
股票型基金	低	中／高	高
年金保险	高	中	短期低，长期高

07 为什么说普通型年金保险可以锁定长期收益？

小丽：你说年金保险能给我带来长期现金流和确定的收益，那这个收益究竟能保证多久呢？收益率又是由什么决定的呢？

小博：年金保险的收益方式和收益率，要视年金保险的类型和被保险人的情况而定。我来和你详细说说吧。

▶▶▶ 专业解析

普通型年金保险的收益方式是固定收益，其收益率在合同有效期内是确定不变的。

当我们拿到一份生效的普通型年金保险合同时，可以看到每个保单年度的收益是确定的。被保险人生存时返还多少钱、被保险人身故时赔付多少钱、投保人退保时可以拿回多少钱（现金价值）等，合同中都有明确约定。

一份保单投保完成，就意味着它的收益率、收益方式等已经确定了。无论此后市场如何变化，保险公司的投资运营是亏是盈，这份保单的收益率都不会降低，也不会提高。哪怕是保险公司投资失利，也要按照保单约定的方式给付保险金，履行合同义务。

因此，只要选择了普通型年金保险，就锁定了保险合同有效期内的收益。年金保险合同的存续期可能是 30 年、40 年，甚至有可能达到 90 年、100 年，比如我们给孩子买的年金保险。还有些年金保险的合同有效期是终身，这就意味着只要被保险人生存，这份合同就有效。在如此长的周期内锁定一个收益，其他金融产品很难做到。

决定一份普通型年金保险收益率的因素有两个：一是被保险人的个人情况，二是产品的预定利率。

同一款年金保险产品，被保险人不同，其收益率会存在一定的差异。在保险产品的费率精算中，年龄大的被保险人，其收益率会低一些；同年龄的被保险人，男性的收益率一般会比女性低一些。另外，如果因被保险人的健康状况不符合保险公司核保的"标准体"条件，而被加收保费，也会造成保单的收益率降低。

决定年金保险产品收益率的核心因素，是保险公司在产品设计时确定的预定利率。年金保险产品的预定利率高，年金保单的收益率就高。各家保险公司可以在监管机构允许的范围内，自行制定年金保险产品的预定利率。但正如我们在前面所说的，普通型年金保险的收益是保险公司给客户长期、确定的承诺，一旦承诺，不可更改。

▶▶▶ 延伸阅读

所谓"标准体"，是指无须增加保费或特殊限制即可以标准费率承保的人群[1]。标准体在年龄、健康、职业、财务等方面的状况，均符合投保要求。对于这类人群，保险公司要按标准条款、标准费率承保。

相应地，如果被保险人为"非标准体"，则核保结果可能是拒保，或增加保费，或增加限制性条款。

---

[1] 参见中华人民共和国国家标准《保险术语（GB/T 36687—2018）》。

08 分红型年金保险的分红靠谱吗?

小丽:我是老股民,结婚前我就炒股。虽然股票有分红,但我炒了这么多年股,发现股票的分红最不靠谱了——有的多,有的少,有的很久都没分过红。你刚才说年金保险也有分红型的,那年金保险的分红靠谱吗?

小博:虽然分红型年金保险和股票一样,都有分红的说法,但这两种分红还是有很大差别的。

▶▶▶ 专业解析

在进行产品设计时,分红型年金保险把产品未来的收益分成两部分:保证收益和浮动收益(分红收益)。

保证收益通过保险合同约定的生存保险金、身故保险金以及保单现金价值来体现。保证收益是长期的,在保险合同有效期内不会改变。

与普通型年金保险一样,分红型年金保险的保证收益同样由被保险人的个人情况和产品预定利率决定,其中产品预定利率是核心因素。目前,分红型年金保险预定利率的上限是年复利 2.5%。

分红型年金保险的保证收益不等于实际收益。保险公司运用保险资金进行投资,会获得一定的投资收益,并将此收益按一定规则进行分配。分配时,保险公司首先要完成保证收益部分的分配,然后再分配剩余部分——剩余部分的分配,就是客户获得的分红收益。

如此一来，就会出现两种情况：第一，投资收益大于保证收益，浮动收益为正，则客户的实际收益大于保证收益；第二，投资收益等于或小于保证收益，则客户的实际收益等于保证收益，即分红部分为零，但保单承诺的最低收益仍然会得到保证。也就是说，分红型年金保险的浮动收益可以为零，但不可以为负。截至目前，大多数情况下，各家保险公司的分红型年金保险都有分红收益，这意味着分红型年金保险客户获得的实际收益都是高于保证收益的。

▶▶▶ 延伸阅读

根据保监会 2015 年发布的《分红保险精算规定》可知，分红型人身保险每一年度"分配给保单持有人的比例不低于可分配盈余的 70%"。原文如下：

十六、保险公司为各分红保险账户确定每一年度的可分配盈余时应当遵循普遍接受的精算原理，并符合可支撑性、可持续性原则，其中分配给保单持有人的比例不低于可分配盈余的 70%。

09 年金保险是普通型的还是分红型的比较好？

小丽：普通型年金保险和分红型年金保险听上去都不错，我该选哪一种更好呢？

小博：这两种年金保险各有优劣，不能一概而论。具体如何选择，我建议你可以根据自己的情况，重点考虑两个方面的因素。

▶▶▶ **专业解析**

普通型年金保险和分红型年金保险都是目前主流的年金保险类型。前文提到，普通型年金保险是固定收益产品，分红型年金保险是"保证收益＋浮动收益"产品。那么，我们应该如何根据自己的需求做选择呢？

这两种年金保险，我们不能笼统地说哪个更好。普通型年金保险不仅可以锁定当前收益，还能锁定长期乃至终身收益。分红型年金保险的保证收益会稍低一些，但可以享有保险公司运用保险资金进行投资的超额收益。如果保险公司运营稳健、投资能力强，其分红型年金保险产品的实际收益可能高于普通型年金保险产品；如果保险公司运营不善，其分红型年金保险产品的实际收益可能不如普通型年金保险产品；如果保险公司出现经营风险，其分红型年金保险产品甚至可能出现浮动收益为零的情况。

据此，我们在考虑配置哪种类型的年金保险时，可以重点关注以下两个方面。

1. 资金未来使用的确定性

如果我们对年金保险资金的使用有非常明确的目标规划，需要保证这笔资金未来能够按时、足额地使用，建议选择普通型年金保险。比如，为年龄较大的人所做的养老规划，就属于典型的目标明确的资金规划。如果我们只是想给孩子存一笔钱，并没有明确规划这笔钱未来的用途，就可以选择分红型年金保险。

2. 保单的长期收益

普通型年金保险的收益率在签订合同时就已经确定，分红型年金保险的实际收益率则因保险公司、经济大环境的不同而变化。分红型年金保险的实际收益率与保险公司的保险资金投资回报率关联度很大。根据几家上市保险公司的年报可知，2018—2021年，其保险资金投资回报率普遍在5%左右。这是因为保险资金体量巨大，并且有专业的团队进行资产配置，所以投资回报率相对较高。

保险公司会将保险资金中的很大一部分投资于国债和银行存款，有人可能会问：随着整体经济发展速度放缓，银行存款利率降低，国债收益率也有所下降，保险资金的投资收益率会不会越来越低呢？不一定，因为保险公司并不是只能将保险资金投资于国债和银行存款，还可以凭借其资金体量及时间优势，将保险资金持续投资于其他优质资产。长期而言，保险资金获得比社会整体投资回报高一点的收益率是可以期待的。

因此，在实际规划中，如果一份保单有很长的持有周期，比如一份给孩子购买的保单，由于它将伴随孩子的一生，可能会经历多个经济周期，选择有浮动收益的分红型年金保险可能是一个更好的选择。

总的来说，在配置年金保险时，如果我们对这笔年金保险资金的使用有明确的目标，则推荐选择普通型年金保险；如果我们对资金的使用没有明确的目标，主要将其作为一种长期理财方式，则推荐选择分红型年金保险。

▶▶▶ 延伸阅读

2020年发布的《中国银保监会办公厅关于印发普通型人身保险精算规定的通知》对普通型人身保险的保险金额做了如下规定：

二、个人普通型人寿保险和个人护理保险产品，死亡保险金额或护理责任保险金额与累计已交保费的比例应符合以下要求：

到达年龄	比例下限
18~40周岁	160%
41~60周岁	140%
61周岁以上	120%

其中，到达年龄是指被保险人原始投保年龄加上当时保单年度数，再减去1后所得到的年龄。

个人普通型人寿保险的死亡保险责任至少应当包括疾病身故保障责任和意外身故保障责任。

三、对于保额递减的个人定期寿险，上述比例使用保险期间内的平均死亡保险金额计算，平均死亡保险金额按照保险期间内各保单年度死亡保险金额的算术平均计算。

10 年金保险和银行存款有什么区别?

小丽：听了这么半天，我感觉买年金保险相当于我存了笔钱在保险公司里，过段时间，保险公司再定期返给我。这和我把钱存在银行似乎没什么区别，而且取起钱来还没银行方便，那我买它有什么用呢?

小博：你有这种感觉很正常。乍看起来，年金保险似乎和银行存款差不多，不过，如果你把其他因素考虑进去，就不会这么说了。

小丽：还要考虑什么因素? 你给我讲讲。

▶▶▶ **专业解析**

很多刚接触年金保险的人会把它和银行存款做比较，因为乍一看，年金保险就是一种存钱的工具，在收益率、安全性方面，与银行存款的区别并不大。但在理财规划中，我们还要考虑这笔钱存多长时间、以后准备用来做什么、给谁用，等等。如果将这些因素考虑进去，银行存款和年金保险的区别就显现出来了。

对于在什么情况下该选择年金保险，我们有以下四个建议。

1.打理周期越长的钱，越应考虑用年金保险来规划

我们在打理资产时，一般会将一部分资产用于长期规划，一部分资产用于短期规划。在短期的理财规划中，我们更重视的是资金的流动性，所以更适合选择银行存款，因其安全性有保障，

灵活性高。

年金保险是长期理财工具,与长期理财的需要更为匹配。如果我们把钱存在银行,就会面临长期收益率的问题。比如,活期存款利率较低,而定期存款利率虽然高一些,在存款期之内也不会发生变化,但到期之后再存,将执行当时的利率。长期来看,我国的银行存款利率很可能会继续下降,也就是说,未来银行定期存款的利率很可能会低于现在的利率。年金保险则不同,其保单一旦生效,就会按照合同签订时确定的收益率执行,等于锁定了长期收益率。

2. 理财目标越明确的钱,越应考虑用年金保险来规划

我们在打理一笔钱时,需要确认这笔钱以后的用途,比如准备用于养老、孩子出国留学,等等。

如果我们有一笔钱准备在 10 年以后用于孩子的教育,肯定不希望这笔钱遭遇太大的风险,希望它能保值增值。在这种情况下,年金保险与银行存款的区别并不大。但年金保险有一项特殊功能——强制储蓄,即购买年金保险能让我们每隔一段固定的时间,就有计划地把一笔钱放到保单中,且在相当长的时间内无法动用这笔钱。由于银行存款没有这种强制性,所以很可能几年下来,我们计划用于孩子未来教育的钱并没有存下来,或者存了几年,遇到临时情况就动用了这笔钱。

3. 为养老储蓄的钱,更适合用年金保险来规划

为养老储蓄的钱,需要保证资金安全,并且有长期、确定的资金返还。相比银行存款,年金保险具有强制储蓄、复利增值、确定的保险金返还等功能,在养老金规划上更具优势。

4.用于财富传承的钱，更适合用年金保险来规划

在财富传承方面，很多人除了希望资产安全、保值增值，还希望财产分配方案简单可行、财产法律权属清晰。年金保险（包括终身寿险）可以指定身故受益人，用最简单的方式进行清晰的身后财产分配。相比银行存款，年金保险显然更适合用于财富传承的规划。

▶▶▶ 延伸阅读

按理财周期的长短，理财目标可以分为短期目标和长期目标；按理财的重要性，理财目标又可以分为刚性目标和弹性目标。

理财目标要与理财工具相匹配。为实现不同的理财目标，我们要使用不同的理财工具。在下面这个表中，我们分析了三种典型的理财目标及与其匹配的理财工具。

三种典型的理财目标及与其匹配的理财工具

理财目标	目标类型	配置原则	可选理财工具
2年内结婚	短期、刚性	安全稳健	银行理财 银行存款
2年后换车	短期、弹性	保证最低金额，可有一定浮动	银行理财 债券基金
孩子15年后出国留学	长期、刚性	安全储蓄为主，稳健增值为辅	年金保险 债券基金

11 为什么说年金保险的复利像"滚雪球"?

小丽：我刚从银行回来，发现现在的理财产品都不保本了！我有30万元，是给孩子将来结婚准备的，短期内不会动用，怎么打理好？你快帮我参谋参谋。

小博：你既然短期内不用这笔钱，可以考虑购买年金保险。

小丽：嗯，可以考虑。不过，银行的客户经理向我推荐了大额存单。他说大额存单不是理财产品，而是存款，不但能保本，而且利率不低。

小博：的确，大额存单与年金保险的利率差不多。但大额存单是单利的，年金保险是复利的。它们从短期来看没什么区别，从长期来看就不一样了。

小丽：单利和复利真有这么大区别吗？

▶▶▶ **专业解析**

在投资理财时，我们经常会碰到两个概念：单利和复利。它们是在计算与兑付金融产品的收益时使用的概念。

单利，指的是只按照本金计算利息，所生利息不加入本金重复计算利息。它的计算公式为：

$$本息和 = 本金 \times (1 + 单利利率 \times 期数)$$

复利，指的是把前期的利息和本金加在一起算作本金，计算新的计息周期的利息，以此方式逐期滚动计算利息，也就是我们通常所说的"利滚利"。它的计算公式为：

$$本息和 = 本金 \times (1+复利利率)^{期数}$$

举例来说，假如我们有 100 万元的本金，面对两款理财产品，收益率都是 4%，一款是单利的，另一款是复利的。如果选择单利的产品，则 10 年后我们的本息和为：

$$100 \times (1+4\% \times 10) = 140（万元）$$

如果选择复利的产品，则 10 年后我们的本息和为：

$$100 \times (1+4\%)^{10} = 148（万元）$$

这样算下来，你可能感觉差别不是很大。事实上，复利一旦与足够长的时间相结合，就会发生巨大的变化。

假设我们以本金 100 万元为原始投入，选择单利和复利两款理财产品。在收益率都是 5% 的情况下，随着时间的增加，它们的收益会有多大差别呢？下面我们为大家算一算（见下表）。

不同时间内单利、复利理财收益比较

理财目标	时间	单利本息和（万元）	复利本息和（万元）
短期理财	5年	125	128
子女教育	10年	150	163
退休养老	20年	200	265
	30年	250	432
财富传承	40年	300	704
	50年	350	1147

关于复利，巴菲特有句名言："复利有点像从山上往下滚雪球。最开始时雪球很小，但是往下滚的时间足够长，而且雪球黏得适当紧，最后雪球会很大很大。"应该说，巴菲特清晰、形象地描述了复利在长时间周期中滚动增值的力量。

年金保险就是一种以复利方式增值的理财工具，其复利机制由保险公司在设计保险产品时确立，而保险产品的长期性又保证了复利增值的可执行与可实现。

只要给年金保险足够长的时间，它就可以带来令我们惊喜的回报。

▶▶▶ **延伸阅读**

关于复利有个简便的计算规则——72法则，即用每年的收益率乘以100，再用72除以得出的数值，得到的数字就是在复利增值情况下投入的本金翻一番大概所需的时间。

举例来说，如果每年的复利收益率是7.2%，那么我们投入的本金翻一番所需的时间大约为：

$$72 \div (7.2\% \times 100) = 10 （年）$$

即在复利增值情况下，只需要 10 年，我们投入的本金就可以翻一番。

12 跟同样是复利增值的股票、基金相比，年金保险好在哪里？

小丽：我明白复利增值是怎么回事了，它确实是年金保险的亮点。除了年金保险，还有其他复利增值的产品吗？股票、基金是不是也是复利增值的产品？

小博：是的。以公募基金为例，如果我们一直持有，基金每年的回报也是按照复利方式计算的。当基金分红时，只要我们选择"红利再投资"，分红的现金就会转换成基金份额计入本金，这样我们持有的基金就相当于在以复利的方式增值。

小丽：哦，明白了。那和股票、基金这些复利增值产品相比，年金保险好在哪里呢？

▶▶▶ **专业解析**

金融产品中以单利增值的产品居多，可以实现复利增值，尤其是长期复利增值的产品是比较少的。

比如，银行定期存款、国债、固定收益类信托等，都是单利增值的金融产品。这些金融产品会把每年的收益分配给投资人，而不会将其累积到本金中。

常见的可以复利增值的金融产品包括年金保险、万能型终身寿险等，还包括我们长期持有的基金、股票等。

基金、股票实现复利增值的方式，是复利投资。所谓复利投资，就是把收益持续地投入本金，使其继续参与投资。比如，基金赚钱了，我们不赎回，并把基金分红转换成基金份额，持续参与这只基金后续的投资。股票的复利增值方式与基金类似。

　　以复利增值方式投资基金或股票并不复杂，但如果我们细心观察投资基金或股票的人群，就会发现，他们中并没有多少人能真正践行复利投资，也很少有人能够通过长期持有某只基金、股票，获得长期、大幅资产增值收益。为什么复利投资看上去操作简单，在实践中却很难实行呢？

　　要让复利发挥作用，有两个重要的条件：一是持有投资产品的时间足够长，二是收益持续为正。也就是说，只有当我们投资的产品每年都有正收益（即使收益率不那么高），并且持有时间足够长，复利才能发挥作用。

　　从这两个重要条件出发，我们再来看一下基金、股票等金融产品，就可以找到它们难以发挥复利作用的原因了。

　　1. 我们很难选对复利增值的产品

　　我们可能听过一些靠长期持有股票获得巨额财富的故事，比如某公司员工从该公司上市以后就一直持有公司的股票，并且将分红也用于购买公司的股票，十几年后，该员工的身家甚至超过了拿高薪的公司高管。

　　但是问题来了，我们如何才能选中一只业绩好的股票并长期持有呢？不是所有股票都有那么好的长期表现。同理，要想选中一只长期表现良好的基金，也是有难度的。

2.股票、基金的波动性阻碍我们长期持有

即使是好的复利增值产品，比如一家业绩良好公司的股票，我们也很难长期持有，因为其收益具有波动性。事实上，即使是一只绩优股，其股价从高点下跌30%、40%也是有可能的，因为波动性是大部分投资产品无法避免的特性。在这种波动性下，我们想要真正做到长期持有，并不是件容易的事。

所以，在实践中，要想让复利真正发挥作用，对于大多数投资者而言，需要满足以下三个条件：

（1）长期持有一款复利增值的金融产品。

（2）保证该产品有较高的安全性。

（3）保证该产品的收益有较高的确定性，有长期、持续的正收益，且波动性小。

不难发现，能够满足以上三个条件的，就是年金保险。年金保险的复利增值有保险合同作为保证，我们可以放心地长期持有；年金保险具有较高的安全性；年金保险有长期、持续的正收益，且收益具有较高的确定性。

年金保险以其产品机制，解决了复利投资"知易行难"的问题。因此，我们应该在长期资产配置中加入年金保险作为底层配置，让这部分资产利用复利机制实现长期增值。

▶▶▶ **延伸阅读**

根据《21世纪经济报道》官方网站发布的数据可知，2022年，有67.08%的基金，其收益率为负；也有一部分基金盈利状况较好，其收益率超过20%。

2022 年，一共有 11 670 只公募基金收益率为负，在有收益数据的 17 398 只基金中占比 67.08%。

无论是偏股型基金还是偏债型基金，在 2022 年均出现较大幅度波动。股票型基金回报的算术平均值为 –17.41%，中位数为 –18.65%。混合型基金回报的算术平均值为 –13.84%。

有 22.18% 的债券型基金 2022 年收益率为负，仅有 31 只债券型基金 2022 年收益率超过 5%，亏损幅度超过 10% 的债券型基金有 144 只，亏损幅度超过 5% 的债券型基金有 368 只。受可转债表现欠佳影响，亏损幅度较大的债券型基金中可转债基金数量不少。

所有货币型基金 2022 年收益率均小于 2.3%，仅有 145 只货币基金 2022 年收益率超过 2%，占比 18.76%。

13 年金保险的预定利率是什么?

小丽:如果我把钱存在银行,则利率是多少,一目了然;我能拿到多少钱,一算便知。我听说年金保险有个"预定利率",是不是只要我知道了预定利率,就能算出我可以拿到多少钱?

小博:能算出拿到多少钱的是收益率。预定利率跟收益率有关,但它并不等于收益率。我给你详细说说。

▶▶▶ **专业解析**

预定利率是一个经常被使用,也经常被误解的保险术语。实际上,它是设计保险产品时的一个精算术语,是"厘定费率时使用的对预计保单现金流进行折现的利率"[1]。我们可以从四个角度来理解它:

(1)预定利率是用于保险产品定价(也就是决定产品保费费率)的假定收益率。

(2)产品的预定利率越高,客户获得同样的保额时,所需交纳的保费越低。从另一个角度讲就是,产品的预定利率越高,客户交纳同样的保费,所获得的收益越高。

(3)一款保险产品的预定利率一经确定,在保险合同有效期内不会变化。

---

[1] 参见中华人民共和国国家标准《保险术语(GB/T 36687—2018)》。

（4）年金保险的预定利率不是保险产品给客户的实际回报率（概念上不等同于银行的存款利率）。

比如，某份保单约定：如果投保人按期交纳保费，保险公司将从被保险人 60 岁开始，每年给付一定数额的生存保险金，直到被保险人 85 岁。保险公司实现保单承诺的基础，是保险公司合理运用保费进行投资。如果保险公司对未来投资收益预期较高，就会设定较高的预定利率，在保单收益总额不变的情况下，就可以收取较低的保费。反之，如果保险公司对未来投资收益预期较低，就会设定较低的预定利率，在保单收益总额不变的情况下，就要收取较高的保费。预定利率就是这样影响保险产品定价的。

需要注意的是，预定利率并不会在合同中标明，保险公司也没有义务在合同中公开产品的预定利率。

监管机构会对保险产品预定利率的上限进行规定，并阶段性地对其进行调整。这一方面是为了防止各保险公司以提高预定利率的方式进行恶性竞争，另一方面是为了从监管的角度防范保险公司的经营风险。

▶▶▶ 延伸阅读

年金保险的预定利率不等于保单的实际回报率。

有些人觉得保险产品的预定利率就是保单资产的实际投资回报率，这是不正确的。投保人所交的保费需要在支付包括保险公司的房租、管理成本、销售等运营费用后，才能被用于投资，因此，保单的实际回报率会低于产品的预定利率。

上述费用在每次交纳保费时扣除。如果保单的交费期为多年，则扣除的费用会逐年减少。也就是说，保单持有时间越长，后期扣除的费用就越少，保单的实际回报率就越接近于它的预定利率。

14 年金保险的预定利率究竟是如何确定的?

小丽:既然年金保险产品的预定利率决定了产品保费的高低,那保险公司为什么不把预定利率定高一些,这样我们的收益不就更高了吗?

小博:不同年金保险产品的预定利率确实是各家保险公司自己定的,但它必须符合监管机构的要求,不可以无限制地往高里定。

小丽:这是为什么呢?

▶▶▶ **专业解析**

由于历史原因,从 1999 年至 2013 年,监管机构将各家保险公司人身保险的预定利率上限严格管控在 2.5%。2013 年,随着中国金融行业的改革进程加快,监管机构逐步放开了人身保险预定利率管制,同时通过一系列法律法规,对保险公司新开发的人身保险的预定利率上限进行管控。

对于普通型人身保险、分红型人身保险,这套管控机制可以用一句话来简述。

2013 年 8 月 15 日之后开发的普通型人身保险、分红型人身保险的预定利率可以由保险公司自行决定,但不能高于监管机构制定的两条"红线"(一条是"预定利率上限",另一条是责任准备金"法定评估利率"),否则需要监管机构单独审批。

保险的责任准备金评估利率是什么呢?保险公司在经营过程中,需要按照监管机构的要求提取保险责任准备金,以应对未来的经营风险，并确保履行保险合同的偿付责任。保险责任准备金提取多少数额，需要保险公司基于当前情况，对保险资金未来投资收益率进行预测。预测得出的利率就是责任准备金评估利率。

如果责任准备金评估利率改变了，则保险公司要对现有保单的责任准备金进行调整。评估利率高，说明保险公司对未来的投资收益预期较高，当前需要提取的责任准备金就较少；评估利率低，说明保险公司对未来的投资收益预期较低，当前需要提取的责任准备金就较多。

在监管机构制定并公布责任准备金法定评估利率后，保险公司会将这个利率作为各自评估利率的上限。换一种说法就是，保险公司对未来投资收益的预期不可以比监管机构更乐观。

由此，监管机构通过预定利率上限与法定评估利率这两条"红线"管控保险公司普通型年金保险、分红型年金保险的预定利率。预定利率上限是长期且相对固定的标准，目前是 3.5%；责任准备金法定评估利率是动态变化的，由监管机构根据实际情况进行调整。下表是目前保险公司执行的预定利率上限及相关规定。

目前保险公司执行的预定利率上限及相关规定

保险类型	执行的预定利率上限	相关规定
普通型年金保险	3.5%（预定利率上限3.5%，评估利率上限3.5%）	《中国保监会关于普通型人身保险费率政策改革有关事项的通知》《中国保监会关于推进分红型人身保险费率政策改革有关事项的通知》
分红型年金保险	3.0%（预定利率上限3.5%，评估利率上限3.0%）	《中国银保监会办公厅关于完善人身保险业责任准备金评估利率形成机制及调整责任准备金评估利率有关事项的通知》

据多家媒体报道，2023 年 4 月，银保监会陆续召集多家寿险公司开会，会议精神为下调寿险公司的新开发产品定价利率上限，而此精神在 2023 年 8 月 1 日正式落地。目前，所有新备案的普通型、分红型人身保险产品的预定利率上限分别为 3% 和 2.5%，万能险人身保险产品的保证利率上限为 2%。

▶▶▶ 延伸阅读

保监会在《中国保监会关于普通型人身保险费率政策改革有关事项的通知》中说明了预定利率和评估利率的关系：

（二）保险公司开发普通型人身保险，预定利率不高于中国保监会规定的评估利率上限的，应按照《人身保险公司保险条款和保险费率管理办法》的有关规定报送中国保监会备案。

（三）保险公司开发普通型人身保险，预定利率高于中国保监会规定的评估利率上限的，应按照一事一报的原则在使用前报送中国保监会审批。在中国保监会作出批准或者不予批准的决定之前，保险公司不得再次报送新的保险条款和保险费率审批。

15 为什么现在没有预定利率 4.025% 的年金保险产品了?

小丽:我刚问过一个朋友,他说他头些年买过一款年金保险产品,其预定利率是 4.025%。怎么现在的年金保险产品的预定利率最高只有 3% 了?

小博:预定利率 4.025% 的年金保险产品早就停售了。

小丽:保险公司为啥要降低保险产品的预定利率?这对消费者不公平啊!

小博:保险公司降低预定利率是为了符合监管机构的要求,而监管机构如此要求是为了防范行业风险,最终保护消费者的利益。

▶▶▶ **专业解析**

保险产品的预定利率越高,代表保险公司对未来投资收益的预期越乐观;但是保险产品向客户承诺的收益率越高,保险公司潜在的经营风险就越大。因此,监管机构就通过限制保险产品的预定利率,来控制行业风险。

我国现行的保险产品预定利率管理框架是 2013 年形成的,一直延续至今。在此期间,普通型年金保险产品的预定利率确实曾经达到 4.025% 的高点。

2013 年 8 月 1 日,保监会发布《中国保监会关于普通型人身保险费率政策改革有关事项的通知》，明确了保险公司正常备案发行的普通型人身保险产品，其预定利率不能高于法定评估利率。同时，该文件在"人身保险费率政策改革配套措施"中规定：

2. 2013 年 8 月 5 日及以后签发的普通型人身保险保单法定评估利率为 3.5%。

该文件还规定，"2013 年 8 月 5 日及以后签发的普通型养老年金或保险期间为 10 年及以上的其他普通型年金保单，保险公司采用的法定责任准备金评估利率可适当上浮，上限为法定评估利率的 1.15 倍和预定利率的小者"。这意味着，保险期间为 10 年及以上的普通型年金保险产品的预定利率最高可以是：

$$3.5\% \times 1.15 = 4.025\%$$

从 2018 年开始，保险行业投资端压力显现，部分产品出现实际投资收益率低于预定利率的情况，保险行业浮现经营风险。

2019 年，银保监会办公厅发布《中国银保监会办公厅关于完善人身保险业责任准备金评估利率形成机制及调整责任准备金评估利率有关事项的通知》，下调责任准备金评估利率。

政策颁布后，对普通型人身保险产品有以下三个影响：

（1）各保险公司 2013 年 8 月 5 日及以后承保的所有普通型人身保险保单，其责任准备金评估利率要按照上限 3.5% 执行。也就是说，保险公司要对所有预定利率高于 3.5% 的已承保普通型人身保险保单提取更多的责任准备金。

（2）各保险公司必须将已经存在的高于预定利率（超过 3.5%）的普通型人身保险产品下架停售。

（3）预定利率超过 3.5% 的 10 年及以上的普通型年金保险产品需要银保监会审批。这实际上就是把普通型年金保险产品的预定利率上限设定成了 3.5%。

在我国经济发展速度放缓的大背景下，保险资金投资压力会持续加大，国债、银行存款利率将持续下行。因此，监管机构要求保险公司下调保险产品的预定利率，并以 2023 年 8 月 1 日为限全面落实。目前普通型年金保险产品的预定利率上限进一步下降至 3%。

▶▶▶ 延伸阅读

《中国银保监会办公厅关于完善人身保险业责任准备金评估利率形成机制及调整责任准备金评估利率有关事项的通知》中有关下调责任准备金评估利率的规定如下：

三、自本通知发布之日起，人身保险业责任准备金评估利率执行以下规定：

1. 2013 年 8 月 5 日及以后签发的普通型人身保险保单评估利率上限为年复利 3.5% 和预定利率的较小者；2013 年 8 月 5 日以前签发的普通型人身保险保单评估利率继续执行原规定。

2. 分红型人身保险责任准备金的评估利率上限为年复利 3% 和预定利率的较小者。

3. 万能型人身保险责任准备金的评估利率上限为年复利 3%。

16 年金保险锁定利率的功能为什么那么重要？

小丽：你一直强调锁定利率是年金保险的重要功能，为什么呢？

小博：关于这个问题，只要我给你仔细算一笔账，你就明白了。

▶▶▶ **专业解析**

当我们购买一份年金保险时，保险合同确定的保单收益率不会随未来市场利率的变化而变化，这就是年金保险锁定利率的功能。

我们通过观察其他国家金融行业的发展历程，再结合我国的经济发展状况，不难看出，在家庭理财方面，年金保险锁定利率的功能意义重大。

主流经济学家认为，未来我国银行存款基准利率的总体趋势是下行的，国债、理财产品的收益率也会随之呈下行趋势。这背后的逻辑是：经济高速增长时，利率高；经济增速放缓时，利率下降。我们都知道，目前我国的经济发展已经进入新常态，即从高速增长期向中高速平稳增长期过渡。

我们以 1978—2022 年中国 GDP 增长率和 1990—2023 年央行一年期存款基准利率为例，看一下经济发展速度和利率水平的关系（见下图）。

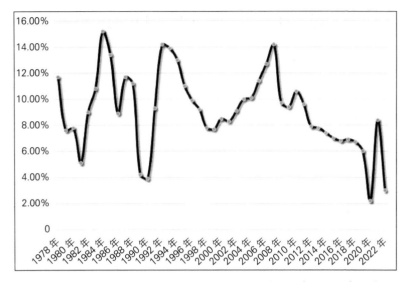

（数据来源：国家统计局）

1978—2022 年中国 GDP 增长率

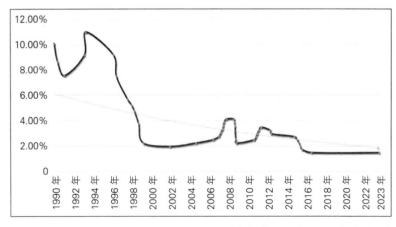

（数据来源：中国人民银行官网）

1990—2023 年央行一年期存款基准利率

20 世纪 90 年代初期，我国银行存款利率非常高，一直到 1996 年，都维持在 7％以上。20 世纪末，我国经济正处于高速发展阶段，呈现出高发展速度、高通货膨胀、高利息率的态势。

在我国经历改革开放以来多年的高速发展，经济总量达到一定程度，成为世界第二大经济体之后，经济增速放缓是必然趋势。随着经济增速放缓，以及我国利率市场化的改革，银行存款基准利率开始下降，目前已经维持了多年 1.5％（一年期存款）的基准利率。这意味着，我们已经从高利率时代进入低利率时代。

目前，我国银行存款基准利率还处于下行通道。从世界发达经济体的发展经验来看，实体经济发展到一定阶段必然会推动利率市场化，而利率市场化会导致存款利率、国债利率等无风险收益率下降。与此同时，银行理财、债券型基金、货币基金等各类理财产品的收益率也会下降。

近年来，银行理财产品的投资收益率不断走低。一年期理财产品的收益率由超过 5％降至 2.5％～3％，而且还不"保本保收益"。即使有些定期存款的利率现在看来还算不低，但在存款到期之后，新的定期存款会执行当时的利率，无法锁定长期收益率。

在利率下行的趋势下，我们甚至可能进入负利率时代，即利率低到没有，存钱到银行还需要交纳手续费。当然，我们所说的利率下行是长期趋势，短期的小幅上调也是有可能的。

回到与我们生活密切相关的家庭理财话题，比如我们打算存一笔钱用于养老，如果银行存款或者年金保险长期收益率降低了，对我们有多大影响呢？我们不妨试算一下。假设我们希望保险公司或银行在 40 年后返还给我们 100 万元，在不同的利率下，我们现在要一次性存多少钱呢?

如果是 4.0% 的复利利率,我们现在要存 20.83 万元。

如果是 2.5% 的复利利率,我们现在要存 37.24 万元。

如果是 1.5% 的复利利率,我们现在要存 55.13 万元。

由此可见长期收益率的降低对长期储蓄的影响。在当下这个利率下行趋势明显的时代,年金保险锁定利率的功能有多么重要,也就不言而喻了。

▶▶▶ 延伸阅读

根据全球经济指标数据网公布的数据可知,2022 年全球主要经济体一年期存款基准利率(见下图),其中欧元区国家一年期存款基准利率基本为零,日本、丹麦、瑞士都已经是负利率了。

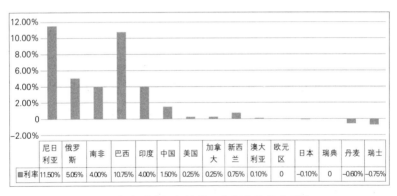

	尼日利亚	俄罗斯	南非	巴西	印度	中国	美国	加拿大	新西兰	澳大利亚	欧元区	日本	瑞典	丹麦	瑞士
利率	11.50%	5.05%	4.00%	10.75%	4.00%	1.50%	0.25%	0.25%	0.75%	0.10%	0	-0.10%	0	-0.60%	-0.75%

2022 年全球主要经济体一年期存款基准利率

从 2022 年下半年开始,世界多国在高企的通货膨胀率下大幅加息,进入相对特殊时期。预期通货膨胀率得到有效控制之后,将回归低利率常态。

17 用年金保险做保单贷款是怎么回事?

小丽:小博,你能不能借我点钱,过两个月我就还你。最近黄金价格看跌,我想买点黄金,可手头有点紧。

小博:不好意思,我最近不是刚买了辆车嘛,手头也不宽裕。不过,你不是买过年金保险吗,为什么不去做保单贷款呢?

小丽:年金保单还能贷款?怎么贷啊?你赶紧给我讲讲!

▶▶▶ 专业解析

我们在工作和生活中需要用钱的时候,可能会用房产或者汽车做抵押贷款。很多人不知道,年金保险也可以做保单贷款,而且是一条非常方便、高效、低成本的融资渠道。

保单贷款是写在保险合同中的一项权益。客户用保单做贷款,是不影响保单其他各项功能的,比如生存保险金的返还、身故保险金的赔付等。

下图是某保险公司网上保单贷款申请页面。

年金保单贷款的额度一般是保单现金价值的80%。客户可以贷出全部的额度,也可以只贷出一部分;可以一次性全部贷出,也可以分多次贷出。

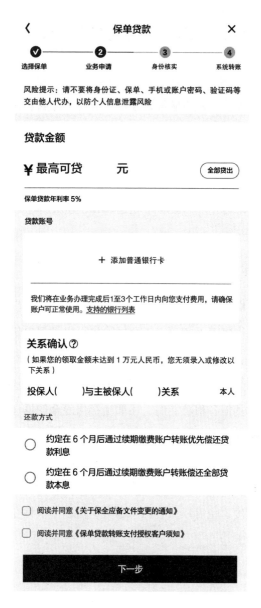

某保险公司网上保单贷款申请页面

保单贷款有以下四个特点：

（1）手续简单。客户使用保单贷款功能，只需要向原承保的保险公司提供保单，无须提供其他附加材料或证明。如果贷款金额在一定额度之内，很多保险公司支持客户通过手机 App 线上办理。

（2）到款速度快。保单贷款申请成功后，资金在 1～5 个工作日就可以到账，当天到账的情况也很常见。对于急需用钱的客户，保单贷款的这一优势非常明显。

（3）利率较低。目前，大部分保险公司保单贷款的年化利率在 5% 左右。相较于房屋抵押贷款、信用贷款等，保单贷款的利率具有较大优势。

不过需要注意的是，保单贷款的利率并不都是一样的，一些老保单的贷款利率可能会高一些。贷款利率也并不是固定不变的，保险公司可以根据当时的金融市场情况进行调整。

（4）还款期限、还款方式灵活。保单贷款的期限一般最长为 6 个月。客户可以选择到期偿还全部本息；也可以只还利息，不还本金；还可以随时提前还款，且提前还款没有手续费或违约金，保单利息按天计收。其他贷款方式若客户提前还款，基本上都要支付违约金或额外费用。因此，保单贷款实际的贷款成本比很多贷款方式都要低。

如果客户到期没有全额归还本息，保险公司会把未还的本息计入下一周期的贷款本金。

保单贷款有以下三个注意事项：

（1）保单贷款额度的基数是保单的现金价值，而大多数年金保单在投保前几年的现金价值不高，保单贷款额度有限。但有些高现金价值的年金保险产品，在投保首年的现金价值就很高，保单贷款额度也相应较高。

（2）各家保险公司保单贷款的政策不尽相同。比如，有些保险公司要求保单交费期满2年，客户才能进行保单贷款；有些保险公司则规定只要保单过了犹豫期，客户就可以申请保单贷款。

（3）保费豁免、自动垫交保费、减额交清和申请理赔中的保单，一般不能申请保单贷款。

▶▶▶ **延伸阅读**

某份保险合同中的保单贷款条款如下：

6.4 保单贷款

您可申请使用保单贷款功能。

在本主险合同有效期内，经我们审核同意后您可办理保单贷款。贷款金额不得超过保险合同现金价值扣除各项欠款后余额的80%。每次贷款期限最长不超过6个月，贷款利率按您与我们签订的贷款协议中约定的利率执行。贷款本息在贷款到期时一并归还。若您到期未能足额偿还贷款本息，则您所欠的贷款本金及利息将作为新的贷款本金计息。

当未还贷款本金及利息加上其他各项欠款达到保险合同现金价值时，保险合同的效力中止。

Chapter

第二章

一

年金养老

18 人口老龄化加速对养老提出了怎样的挑战?

小丽:你看新闻了吗?上海市的百岁老人已经有 3000 多人了!

小博:你也关注这个消息啦!现在的人寿命越来越长,而且预期人均寿命还会继续增长,这确实是个好消息。

小丽:可是你说,按照现在的发展趋势,等我 90 岁的时候,岂不满眼都是银发老人?那时候我的养老问题该怎么解决呢?

▶▶▶ **专业解析**

随着人们生活和医疗水平的提高,我国老龄人口比例快速增加,人口平均寿命越来越长。根据《中华人民共和国 2022 年国民经济和社会发展统计公报》可知,截至 2022 年末,我国 60 岁及以上人口总数为 2.8 亿人,占全国人口总数的 19.8%(其中 65 岁及以上人口总数为 2.09 亿人,占全国人口总数的 14.9%)。

根据北京市疾控中心公布的数据可知,2022 年北京市户籍居民平均期望寿命为 82.47 岁。上海市卫生健康工作会议上公布,2022 年上海市民平均期望寿命达到 84.11 岁。根据上海市民政局的统计数据可知,截至 2022 年 9 月 30 日,上海市共有百岁老人 3689 位。

就近 30 年的趋势来看,中国人预期寿命大体上每 10 年增加 2 岁。这意味着,"00 后"有 50% 的概率活到 100 岁;"80 后"有 50% 的概率活到 95 岁;"60 后"有 50% 的概率活到 90 岁。

中国人预期寿命的增加,当然是一件好事,但也对养老提出了重大挑战。挑战主要体现在三个方面。

1. "未富先老"

中国于1999年进入老龄化社会，当时的人均GDP仅为873美元，2019年中国人均GDP达到10 000美元。虽然我国经济发展速度很快，但与此相对，我国人口平均年龄的增加高于发达国家同期增长水平，可谓"未富先老"。"未富先老"将给社会带来一定的负担，也将对现行的医疗、社保体系提出挑战。

2. 长寿使个人养老金准备的时间不足

2000年第五次全国人口普查数据显示，当时我国人口的平均预期寿命是71.4岁。那一代人普遍参加工作早，以男性为例，他们大多20岁参加工作，60岁退休。这意味着他们要工作40年，养老10多年。

而现今的年轻一代，普遍二十五六岁参加工作。假如同样是60岁退休的话，预期活到90岁、100岁，那么他们要工作30多年，养老30~40年。

在工作期间，很多人还要先解决结婚、购房、抚育子女等问题，然后才顾得上给自己做养老规划。因此，相对于越来越长的寿命，养老金准备的时间明显不足，这也是国家考虑延迟退休的原因之一。

3. 高龄老人的医疗花销更大

生活条件的改善、医疗技术水平的提升让人们的寿命更长了，但同时，养生保健、大病医疗、长期护理等费用也在不断增长，且费用支出时间持续增加。高额且长期的医疗费用支出，成为长寿老人必然要面对的经济压力。

因此，如果我们希望拥有从容、有品质的养老生活，应该提早做好充足准备。养老年金保险正好可以帮助我们尽早开始规划。年金保单是我们和保险公司签订的一份长期合同，可以帮助我们从三四十岁就开始储蓄，细水长流地存钱。标准的养老年金保险的保险期限为终身，也就是说，当进入养老金领取阶段，只要我们活着，就可以不断地从这份保单中领取生存保险金。年金保险以合同约定的方式为我们的养老生活创造了稳定的、与生命等长的现金流。

▶▶▶ 延伸阅读

按照 1956 年联合国《人口老龄化及其社会经济后果》确定的划分标准，当一个国家或地区 65 岁及以上老年人口占总人口的比例超过 7% 时，这个国家或地区就进入了老龄化社会；65 岁及以上老年人口达到总人口的 14% 时，进入深度老龄化社会；达到 20% 则进入超级老龄化社会。

2022 年末，我国 65 岁及以上人口占全国总人口的 14.9%，也就是说，我国已经进入深度老龄化社会。

19 养老要花多少钱?

小丽：我要是买彩票中了 500 万元，马上就辞职回家。省着点花，500 万元足够我养老了。

小博：想得挺好。那你有没有算过，养老到底要花多少钱?

小丽：这个我还真没算过，你赶紧帮我算算。

▶▶▶ **专业解析**

谈到养老要花多少钱，有些人的第一反应可能是"没想过"，有些人可能对养老生活有个模糊的想法——"总不能比现在差吧"。下面我们就看看"不比现在差"的养老生活要花多少钱。

决定我们养老要花多少钱的因素有三个。

1. 我们对生活品质的要求

每个人、每个家庭对生活品质的要求是不一样的。在一线城市，有的人一个月花 3000 元也能维持基本生活，但普遍来说，一个人在一线城市想拥有较舒适的生活，每月大约需要 10 000 ~ 15 000 元。如果对生活品质有更高要求，这个数字可能会翻倍，甚至更多。

2. 我们对寿命的预期

我们的寿命越长，退休后要花钱的时间就越长。根据上一节介绍的我国人口平均寿命趋势，我们至少应该以活到 90 岁为目标，进行养老金的储备。

3. 未来通货膨胀的程度

通货膨胀指的是流通中的货币变多了，也就是现金贬值了。通货膨胀会导致我们生活所需的各项物资价格上涨。衡量通货膨胀的重要指标就是 CPI（居民消费价格指数），CPI 的涨幅直接反映物价上涨的程度。根据国家统计局公布的数据可知，我国 2022 年的 CPI 数据同比增长 2%，2021 年同比增长 0.9%；从 2001 年到 2020 年，我国 CPI 的平均涨幅是 2.34%。

通货膨胀是长期存在的，它对我们的养老金会产生多大影响呢？

假设我们今年 60 岁，每月的基础生活费为 10 000 元。以 30 年计算，我们的基础生活费如果不计入通货膨胀，应为 360 万元。如果计入通货膨胀，以每年 CPI 涨幅 2.5% 计算，我们的基础生活费总额将变成 526.83 万元。

如果我们现在 40 岁，以每年 CPI 涨幅 2.5% 计算，那么经过 20 年，到我们 60 岁时，每月的基础生活费将从 10 000 元变成 16 386 元；相应地，我们退休以后 30 年的基础生活费总额将达到 863.28 万元。

下面我们对退休后的基础生活费做一个试算（见下表）。

退休后的基础生活费试算

现在年龄	40岁
计划退休年龄	60岁
预期寿命	90岁
基础生活费（现值）	10 000元／月
预期通货膨胀率	2.5%

基础生活费（60岁时点值）	16 386元／月
退休后的基础生活费总额	863.28万元

863.28 万元，是不是比很多人想的要多一些？如果每年 CPI 涨幅是 3%，这个数字将变成 1031.12 万元（见下表）。

通货膨胀对退休后的基础生活费的影响

现在年龄	60岁	40岁	40岁	40岁
基础生活费（现值）	10 000元／月			
预期通货膨胀率	2.5%	2.5%	2.5%	3.0%
基础生活费（60岁时点值）	10 000元／月	16 386元／月	16 386元／月	18 061元／月
预期寿命	90岁	85岁	90岁	90岁
退休后的基础生活费总额	526.83万元	671.66万元	863.28万元	1031.12万元

在前面的试算中，我们只考虑了基础生活费，没有考虑营养品、保健品、旅游、大病医疗、长期护理等额外开销，也没有考虑可能产生的抚养教育孩子、赡养老人等费用。

总结一下，在规划未来养老生活时，我们不但要考虑基本生活品质的保持，而且要考虑通货膨胀带来的影响。年金保险恰好能针对以上这些问题，为我们做好养老金的储备。年金保险的领取时间足够长，能为我们创造源源不断的现金流；长期增值能力好，能帮助我们实现养老资产的保值增值。"手里有钱，心里不慌"，足额的年金保险可以让我们更加从容地享受养老生活。

▶▶▶ **延伸阅读**

下面是国家统计局发布的我国 1992—2021 年 CPI 涨幅及具体数据（见下图和下表）。

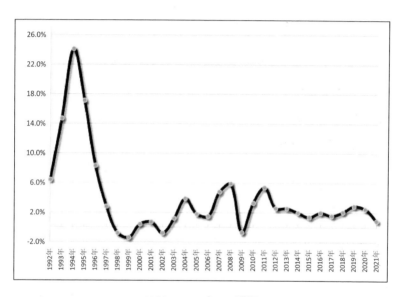

1992—2021年CPI涨幅

1992—2021年CPI涨幅具体数据

年份	CPI（年度值）	年份	CPI（年度值）	年份	CPI（年度值）
1992年	6.4%	1996年	8.3%	2000年	0.4%
1993年	14.7%	1997年	2.8%	2001年	0.7%
1994年	24.1%	1998年	−0.8%	2002年	−0.8%
1995年	17.1%	1999年	−1.4%	2003年	1.2%

年份	CPI（年度值）	年份	CPI（年度值）	年份	CPI（年度值）
2004年	3.9%	2010年	3.3%	2016年	2.0%
2005年	1.8%	2011年	5.4%	2017年	1.6%
2006年	1.5%	2012年	2.6%	2018年	2.1%
2007年	4.8%	2013年	2.6%	2019年	2.9%
2008年	5.9%	2014年	2.0%	2020年	2.5%
2009年	−0.7%	2015年	1.4%	2021年	0.9%

20 社保能领多少钱？

小丽：好羡慕我妈退休后的生活，没事跳个广场舞，动不动就去旅游……以后我退休了也要过这种生活。

小博：过上这种生活也不难，只要准备好养老金就行。

小丽：我交着社保呢，等我老了，自然有钱领。

小博：那你有没有想过，等你退休了，能从社保领到多少养老金，够不够花呢？

小丽：这个我倒没想过，你帮我算算。

▶▶▶ 专业解析

能从社保领取到多少养老金，是我们在进行养老规划时要考虑的重要问题。

社保养老金能领多少，因人而异。要估算出这个数字，我们先要了解社保如何缴纳、如何领取。

我国的基本社会养老保险分为三个部分：城镇企业职工养老保险、机关事业单位养老保险和农村养老保险。

我们以城镇企业职工养老保险为例。城镇企业职工养老保险采用的是社会统筹和个人账户相结合的管理办法，即社保养老金一部分来自个人缴纳，存入社保养老金个人账户；另一部分来自企业缴纳，存入社保养老金社会统筹账户。

企业和企业职工每月向社保养老金账户缴费，具体缴费金额以职工个人税前月平均工资为基数。职工个人缴纳自己税前月平均工资的8%，企业缴纳该职工月平均工资的16%（见下图）。假设某人税前月平均工资为20 000元，则个人缴纳1600元，企业缴纳3200元。

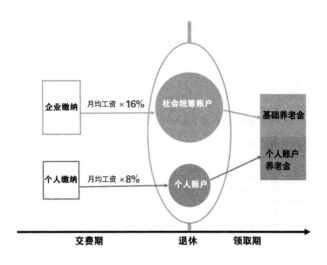

社保养老金构成示意图

社保养老金缴费基数有上限，最高为缴费所在地社会月平均工资的3倍。以北京市为例，2021年北京市社会月平均工资为10 628元，社保养老金缴费基数的上限就是：

$$10\ 628 \times 3 = 31\ 884（元）$$

参加基本社会养老保险的个人，累计缴费满15年，且达到法定退休年龄的，可以按月领取基本养老金。

那我们退休时能领多少养老金呢？

与缴纳社保养老金相对应，我们退休后从社保领到的养老金也分成两部分：一部分是基础养老金，从养老金社会统筹账户中支取；另一部分是个人账户养老金，从养老金个人账户中支取。具体领取金额的计算公式如下：

社保养老金每月领取金额 = 基础养老金每月领取金额 + 个人账户养老金每月领取金额

基础养老金每月领取金额 =（上年度在岗职工月平均工资 + 本人指数化月平均缴费工资）÷2× 缴费年数 ×1%

个人账户养老金每月领取金额 = 个人账户储存额 ÷ 个人账户养老金计发月数

我们用下面这张图来说明社保养老金领取金额的计算公式。

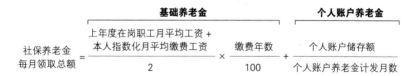

社保养老金领取金额的计算公式

这个公式有点复杂，我们不妨拆开来看。

首先，我们来看基础养老金每月领取金额的计算方式。这部分的领取金额由两个因素决定：一是上年度在岗职工月平均工资，二是职工本人过往社保养老金实际缴费金额。

下面我们通过具体的例子，来看看一个人在退休后每月能领到多少养老金。

第一个例子。如果一个人一直以社会平均工资缴纳养老保险，一共交了25年，则依照上面的计算公式，退休后他每月能够从社保养老金社会统筹账户中领到的养老金就是当时社会月平均工资的25%。按照2021年北京市社会月平均工资10 628元计算，领取金额为2657元。

第二个例子。如果一个人一直以社保养老金缴纳基数的上限缴纳养老保险，一共交了30年，则依照上面的计算公式，退休后他每月能够从社保养老金社会统筹账户中领到的养老金就是当时社会月平均工资的60%。按照2021年北京市社会月平均工资10 628元计算，领取金额为6376.8元。

通过上面两个例子我们可以看到，对于大多数人而言，每月能够从社保养老金社会统筹账户中领到的基础养老金不足当年社会月平均工资的50%。

其次，我们来看个人账户养老金的计算方式。

在前面的领取公式中，个人账户储存额是公式的分子。我们所缴纳的社保养老金个人缴纳部分进入个人账户，并累计增值。当我们退休时，社保养老金个人账户储存额包含我们历年所缴纳的费用及其产生的利息。

公式的分母是个人账户养老金计发月数。退休年龄越早，计发月数越大，退休时计发的个人账户养老金相对越低；退休年龄越晚，计发月数越小，退休时计发的个人账户养老金相对越高。计发月数根据职工退休时城镇人口平均预期寿命、本人退休年龄、利息等因素确定。根据《国务院关于完善企业职工基本养老保险制度的决定》中的"个人账户养老金计发月数表"（见下表）可知，如果我们 60 岁退休，计发月数约为 139 个月；如果我们 55 岁退休，计发月数约为 170 个月；如果我们 50 岁退休，计发月数约为 195 个月。

个人账户养老金计发月数表

退休年龄（岁）	计发月数（个）	退休年龄（岁）	计发月数（个）
40	233	56	164
41	230	57	158
42	226	58	152
43	223	59	145
44	220	60	139
45	216	61	132
46	212	62	125
47	207	63	117
48	204	64	109
49	199	65	101
50	195	66	93
51	190	67	84
52	185	68	75
53	180	69	65
54	175	70	56
55	170		

假设退休时我们个人账户里有 30 万元，这些钱不可以一次性领取，而要分成若干月领取。如果我们 60 岁退休，就意味着将分 139 个月把社保个人账户里的钱领出，每月大概可以领取 2158 元。但需要注意的是，个人账户部分在 72 岁时就领取完毕了。

了解了社保养老金的基本规则，我们就知道，社保养老金只能为我们解决一部分养老生活开支问题。2021 年，当时的人社部部长张纪南在《开启社会保障事业高质量发展新征程》一文中指出，2020 年，全国企业职工社保养老金人均发放额为每月 2900 元左右。应该说，社保养老金可以满足我们退休后的基本生活需求，但如果我们想要拥有较高的生活品质，社保养老金则略显不足。

▶▶▶ 延伸阅读

根据《国务院关于安置老弱病残干部的暂行办法》和《国务院关于工人退休、退职的暂行办法》的规定，我国职工现行退休年龄是男性 60 周岁，女干部 55 周岁，女工人 50 周岁。

但以上政策是在 1978 年制定的。经过 40 多年的发展，我国人均预期寿命已大幅提高、人口老龄化速度加快。为了应对我国进入深度老龄化社会后的挑战，2022 年 2 月，国务院在《国务院关于印发"十四五"国家老龄事业发展和养老服务体系规划的通知》中提出"实施渐进式延迟法定退休年龄"，相关政策正在制定中。

21 为什么说养老金要靠年金保险"存"出来？

小丽：存养老金的方法有很多，年金保险有什么优势呢？我现在才 30 多岁，50 岁以后再考虑养老金积存问题不行吗？

小博：你可能想得过于简单了。存钱，尤其是存养老金可没那么容易。什么时候开始存、怎么才能存下来，都是学问。

▶▶▶ **专业解析**

在家庭资产配置中，分账户管理、专款专用是重要的配置原则。对于需要做长期规划的养老金来说，有计划地专项储蓄更为重要。我们储备养老金的最佳时期在 35~45 岁。但在这个年龄阶段，很多人可能对存钱有以下四个误区：

第一个误区是，不着急做养老金储备。有人认为三四十岁离养老阶段还很远。实际情况是，随着我国人均寿命的增长，很多城市的人均寿命已超过 80 岁，这意味着三四十岁的人能够工作的时间可能只剩下二三十年，却要面对也许长达二三十年的养老生活。养老时间的延长，导致人们如果不早做养老金储备，就可能出现储备资金不足的情况。

第二个误区是，忽略了养老问题。三四十岁正是生活开支增加，消费需求旺盛的阶段。抚养孩子的开支是不能减少的，同时，年迈的父母随时可能产生大额的医疗费用。很多人感叹"挣多少钱都不够花"，不知不觉地就忽略了自己的养老问题。

第三个误区是，冲动消费。"包"治百病、"表"面有光，还有各种"喜提"，都让人们把"想要"理所当然地变成了"一定要"。

第四个误区是，过分期望通过投资股票、基金等"赚大钱"。对于并不从事投资行业的人而言，既无法在投资上投入大量时间，又缺乏专业性，想靠消息、运气赚大钱，是很难的。

以上四个误区，让很多人存不下养老金。年金保险能帮助我们规划底层资产，做好养老金的积存。

在养老金积存的过程中，年金保险起到的主要作用包括以下三点：

（1）年金保险改变了我们的消费顺位。存钱过程中我们会遇到的一个大问题是无规划支出，因为我们的消费顺位是"先消费，后储蓄"，即消费以后，剩下多少钱存多少钱。但如果我们购买了年金保险，则每年交费日期前，我们必须把钱存到保险合同约定的扣划保费的银行账户内。这样一来，我们的消费顺位就变成了"先储蓄，后消费"，实现了先做重要的、该做的事，再做想做的事。

（2）年金保险能帮我们存钱。如果我们没有在保险合同规定期限内交纳保费，则会导致保单失效；如果我们在交费期内退保，则会导致本金损失。害怕损失的心理，让我们能够用年金保险存下钱。

（3）年金保险可以与风险投资长短搭配、动静结合。我们在做资产配置时，不应把所有的资产都放在风险较大的投资产品中，而应将一部分资产放在较为安全稳健的投资产品中，作为底层资产。这部分底层资产可以为我们的基本生活提供现金流，同时也可以在市场波动时成为我们资产的稳定器。有了这部分底层资产，我们在市场波动时就能保持稳定的心态，做出冷静的判断，安心持有优质资产，获得更好的投资收益。

可见，我们在养老金规划中，一定要积存一部分底层资产，而积存底层资产最好的方式之一，就是购买年金保险。

▶▶▶ 延伸阅读

年金保险未按期交费的损失如下：

如果投保人未在约定的时间内交纳保费，且在宽限期后（一般为 60 天）仍未交纳，则保险合同进入中止状态。进入中止期的保单，不能申请理赔，保险公司不承担保险金给付责任。

被中止的保险合同可以在 2 年内申请复效。保单复效须补交保费和利息，并重新进行健康告知。

保单中止后 2 年内未复效，则保单进入终止状态，彻底失效，保险公司按照保险合同中的约定退还保单的现金价值。

22 如何按照生命周期规划养老金？

小丽：听你这么一说，我还真得为养老做规划了。可是，我每月收入不多，存不了多少钱。假如我用省下的钱购买股票、基金，是不是比买年金保险收益更高？

小博：股票、基金当然也可以作为资产配置的一部分。但是，我们在做养老金规划时，还得从整个生命周期的角度来考虑。我这就给你算一算。

▶▶▶ 专业解析

我们在进行养老金规划的时候，应该树立整体意识和长期意识。如果从资产配置的整体来看，养老金的规划应关注整个生命周期。这意味着我们既要配置不同类型的资产，也要针对生命不同阶段的情况调整各种资产的配置比例。

伯顿·马尔基尔在其经典著作《漫步华尔街》中，提出了一个关于投资风险承受能力的基本观点：一个人在投资中所能承受风险的客观能力，是随着年龄的增大而减小的。基于这个观点，在不同年龄阶段，我们应该根据自己承受风险的客观能力来规划资产。

在20多岁时，我们可以选择偏积极的投资组合，因为在这个年龄阶段，我们还有很长的工作时间，有广阔的职业发展空间。从投资周期的角度看，我们还有机会经历5~6个大经济周期、8~10

个小经济周期。这时即使资产发生亏损，我们也可以通过主动收入来弥补。

随着年龄增长，我们应该适度降低风险较大的资产，比如波动较大的股票等，同时增持债券和股利支付丰厚的股票。在年龄达到 45 岁，最多 50 岁，我们就应该开始逐渐向退休阶段过渡，将投资目标转为获取现金流。这个阶段，安全性较高的资产在资产配置中的比例应大幅提升，比如债券、年金保险等都是应该增持的投资产品。

在资产配置中，一个人持有股票的比例上限可以参考下面的公式：

（80 岁 - 当前年龄）×1％ = 所持股票比例上限

例如，一个人今年 50 岁，其所持股票比例上限为：

（80-50）×1％=30％

《漫步华尔街》一书还提出了"根据生命周期制订投资计划的三条一般性准则"，这三条准则对于多数人都很适用。

1. 特定需要必须安排专用资产提供资金支持

所谓"特定需要"，指的是非常明确的、在某一时间点发生的确定资金需要。比如，一个家庭预计 1 ~ 2 年后需要 300 万元作为首付款来买房子，就应该为这 300 万元设立单独账户，投资于安全性较好的产品，且投资周期应该与资金使用时间相匹配。教育金、养老金、用于偿还贷款的资金等都属于这种特定需要。

2. 认清自己的风险承受度

我们可以将投资过程中的风险承受度细分为主观承受意愿和客观承受能力。即使我们做了自认为很好的资产配置，仍然会遇到投资产品大幅波动的情况。比如，2015 年下半年，我国股市整体下跌。在这种情况下，如果我们的整体资产没有出现大幅亏损，就说明我们的资产配置是比较合理的；否则，我们就应该降低股票的占比。

3. 在固定账户中持之以恒地储蓄

有些人认为，通过储蓄的方式很难存下一笔数额较大的退休金。在"上有老，下有小"的年龄阶段，用储蓄的方式存下钱来就更难了。但实际情况是，只要我们持之以恒地储蓄，就有可能存下一大笔退休金。

比如，无论在什么情况下，我们都坚持每月存下 2000 元。假定年化收益率可以达到 5%，那么在第 20 年时我们就可以获得一笔 82 万多元的储蓄；在第 30 年时，我们就可以获得一笔 167 万多元的储蓄。需要注意的是，年化收益率为 5% 的投资并不需要损失多少安全性。

我们将年金保险作为规划养老金的工具，就很好地运用了根据生命周期制订投资计划的三条一般性准则。比如，我们可以签订一份每月交保费的年金保险合同，这份保险合同中的资金是专门为我们的养老服务的。这种投资方式风险等级较低、收益可观，最重要的是，它不要求我们每月投入太多资金，只要我们能够持之以恒即可。

下表是我们按每月投资 2000 元、年化收益率为 5%，计算复利后得出的投资结果。

投资收益表

金额单位：元

时间	累计投资	当年收益	累计总值
第1年	24 000	660	24 660
第2年	48 000	2582	50 582
第3年	72 000	5830	77 830
第4年	96 000	10 472	106 472
第5年	120 000	16 579	136 579
第10年	240 000	71 859	311 859
第20年	480 000	345 493	825 493
第30年	720 000	951 453	1 671 453
第40年	960 000	2 104 757	3 064 757

23 如何用年金保险做好养老的"现金类资产规划"?

小丽：如你所说，积存养老金很重要，可现在的投资方式有那么多，比如房地产、黄金、股票、期货、古董等，我该怎么选择呢？

小博：资产配置可以多元化，但养老资产还是要以"现金为王"。

小丽：当今社会，手握大量现金是不是太保守了？

小博：先不着急下结论。我说的现金，指的是现金类资产。

▶▶▶ **专业解析**

常见的资产类型包括现金、房产、股票、保险等。在以养老为目的的各种资产中，我们要特别重视现金类资产的配置。

大多数家庭的养老资产主要有四个用途：生活费、医疗保健及护理费用、应急金、给孩子的遗产（见下图）。

养老资产的主要用途

这四个用途分别有什么特点呢？

1. 生活费

生活费包括衣食住行及各种休闲娱乐的花费，这部分花费随着年龄的增长可能会有所减少。

2. 医疗保健及护理费用

保健养生、疾病医疗、失能护理的费用越到养老后期会越高。

3. 应急金

为子女提供的财富支持、为帮助亲友周转的支出以及各种意外支出等，都有可能减少我们的养老资产。

4. 给孩子的遗产

如果我们想在身后给孩子留下遗产，那么无论多少，都应提前规划。

这四个在养老阶段最常见、与生活关联最紧密的资产用途，都要求我们要做好现金类资产规划。

比如，有些老人可能有价值几百万元甚至上千万元的房产，但每月的退休金只有几千元，日子过得紧紧巴巴的，不得不精打细算，整日担心生病，唯恐没钱看病。这就是典型的"有资产，没现金"。他们一旦遇到急需现金的情况，就得紧急处置房产以获取现金。本来价值很高的房产往往因急于套现而不得不折价出售，产生较大损失。

无论是房产还是企业股权，预见其在养老期间可能遇到的风险，并规划其使用，几乎都很难。此外，房产、企业股权在传承时一般都有很多复杂的手续，转移资产时还可能要缴纳多种税费。

所以在养老阶段，我们对于养老资产的配置要特别关注现金流，要考虑养老资产创造稳定现金流的能力、紧急变现的能力及其在分配时的便捷性。

相对于直接持有现金或存款，年金保险具有长期稳健增值的特性，打理起来也非常简单。年金保险可以帮助我们按规划获得稳定的现金流，支持我们的基础生活开支。它还可以帮助我们通过保单贷款获得一笔应急金。年金保险在资产传承方面也非常方便，只要我们在保险合同中约定好身故受益人和受益比例，就可以按计划、依顺序、分比例完成财富传承。此外，年金保险在被保险人身故时，可以为身故受益人提供大量现金，这时，如果身故受益人还需要继承被保险人的其他遗产，就可以用这笔现金支付继承遗产过程中所需缴纳的各种税费。

▶▶▶ **延伸阅读**

紧急用款情况下房屋抵押贷款方式与保单贷款方式的比较（见下表）。

两种贷款方式的比较

贷款方式	申请材料与流程	放款速度	还款方式	提前还款手续费	还款期限
房屋抵押贷款	复杂	15～30天	先息后本或等额本息	一般有手续费	固定
保单贷款	简单	0～5天	还款方式自由，可随借随还	无手续费或附加成本	不固定

24 如何用年金保险做好养老金四个阶段的规划?

小丽:我虽然知道年金保险能帮我规划养老金,可具体怎么规划我还是不太明白。

小博:这个其实不难懂。我们可以先把养老金规划分成不同阶段,再分析不同阶段可能产生的问题,最后做出相应的规划就行了。

▶▶▶ **专业解析**

养老金规划是一项长期工程,可以分成四个阶段:规划储蓄期、稳健增值期、有序领取期、财富传承期。我们在不同阶段会面对不同的问题,比如存不下钱的问题、冲动投资的问题、资产安全的问题、子女挪用的问题、资产增值的问题、领取规划的问题、财富传承的问题,等等。借助年金保险,我们可以相对简单、轻松地解决这些问题。

我们举一个例子加以说明。

假设有一位 40 岁的女士,为了实现自己的养老金规划目标,购买了一份交费期 10 年、年交 10 万元保费的年金保险,同时搭配一份万能型终身寿险。这份年金保险从第 5 年开始返还生存保险金,持续到第 15 年。返还的生存保险金如果未被领取,将直接进入这位女士的万能型终身寿险账户。这个万能型终身寿险账户以复利计息,该女士可以根据需要灵活地设置保险金领取方案。

下面我们来看上述年金保险与万能型终身寿险组合产品的保险合同主要内容和主要保险利益的说明（见下表）。

保险合同主要内容

产品名称	基本保险金额	保险期间	首年保险费	交费年期
××年金保险	195 045.84元	15年	100 000元	10年
××终身寿险（万能型）	—	终身	100元	趸交

注：首年保险费总计100 100元。

主要保险利益的说明

特别生存保险金	
给付原因及标准	给付金额
在第5至第6个保单周年日被保险人仍生存，每年按××年金保险的年交保险费的100％给付特别生存保险金	100 000元／年
生存保险金	
给付原因及标准	给付金额
从第7至第14个保单周年日被保险人仍生存，每年按××年金保险基本保额的30％给付生存保险金	58 500元／年
满期生存保险金	
给付原因及标准	给付金额
保险期满时被保险人仍生存，按××年金保险基本保额的200％给付满期生存保险金	390 100元

注：搭配万能账户，所有生存类保险金可进入万能账户增值。

上述年金保险与万能型终身寿险的产品组合方案，可以有效帮助案例中的女士实现自己的养老金规划目标，使她在养老阶段获得长期现金流。

下面我们来分析该方案在养老金规划四个阶段所起的作用。

1. 规划储蓄期

这个阶段最重要的是进行有规律的储蓄。对于大多数人而言，到中年的时候，通常都是"上有老，下有小"，他们储蓄的最大障碍就是用钱的地方多，却没有确定的储蓄计划，没有专款专用的储蓄账户。其实很多人都想储蓄，可虽然想了很多年，也做了一些努力，却并没有存下多少钱。

我们购买年金保险相当于和保险公司签订了一份长期储蓄合同，在约定的时间点，我们要把固定的钱存入固定的账户，这样就能保证储蓄计划得以实施。

2. 稳健增值期

上述产品组合方案有两个主险，我们可以将其看成两个增值账户。保费先进入第一个增值账户，即年金保险账户。年金保险合同明确约定，从第5个保单周年日开始，保险公司会固定给付生存保险金：第5至第6个保单周年日各给付10万元，第7至第14个保单周年日每年给付5.85万元，第15个保单周年日给付39.01万元。

对于给付的生存保险金，被保险人既可以领取，也可以将其直接转入第二个增值账户，即万能型终身寿险账户。这是一个可以长期复利增值的账户，其保障期限可以延续到被保险人身故，且有保底收益率。

3. 有序领取期

保险合同生效达到一定年限后，我们可以根据实际需要灵活设置领取养老金的时间和数额，比如从 60 岁、65 岁或其他时间开始领取养老金，每年领取 10 万元、12 万元或其他数额。当然，如果我们每年领取的数额多一些，则领取的时间就会缩短。

在上述产品组合方案中，我们假定万能型终身寿险账户每年结算利率为 4.5%，则案例中的女士如果从 60 岁开始领取养老金，每年领取 10 万元，可以领取到 86 岁，一共领取 270 万元；如果她从 65 岁开始领取养老金，每年领取 12 万元，可以领取到 93 岁，一共领取 348 万元。

4. 财富传承期

如果养老金还没领取完，被保险人就身故了，那么其万能型终身寿险账户中没有领取完的资产会作为身故保险金赔付给合同中的身故受益人。这个过程不会产生税费，且手续简单，是一种简便、快捷的传承方式。

▶▶▶ 延伸阅读

我们进行养老金规划的目的是合理利用财务资源，运用银行存款、债券、股票、保险等金融工具，满足养老阶段的生活费、医疗保健及护理费、应急金等支出需要，规避、转移财务风险，并实现财富的顺利传承。

缺乏适当的养老金规划，会使我们在养老阶段的现金流与财富传承进入无序状态，影响养老生活品质，造成财务损失，甚至导致家庭纠纷等。

25 年金保险如何规划养老金的领取?

小丽:等我退休以后,社保养老金会按月转到我的银行卡里,那么年金保险养老金是不是也像社保养老金一样,会按月转到我的银行卡里呢?

小博:只要在年金保险合同中约定好,保险公司就会严格按照合同约定,按时把资金转到你指定的账户里。而且,大多数社保养老金只有一种领取方式,年金保险则有三种不同的领取方式。

小丽:你赶紧给我讲讲,年金保险都有什么领取方式。

▶▶▶ **专业解析**

年金保险有三种领取方式。

第一种是固定金额领取。它的特点是,从约定的年龄开始,保险公司每年或每月返还固定的金额。

某份年金保险合同中的养老保险金条款是这样约定的:

若您选择年领方式,自本主险合同约定的被保险人养老保险金领取年龄的保单周年日开始,被保险人每年到达保单周年日仍生存,我们每年给付1次养老保险金至被保险人身故时结束,并按照您选择的保证给付期限保证给付。

如果这份年金保险合同中的被保险人选择从60岁开始领取养

老保险金，那么从他 60 岁开始，保险公司将每年给付确定金额的养老保险金，直到他 105 岁。

第二种是确定增额领取。它的特点是，从约定的年龄开始，保险公司每年或每月返还养老金，但随着保单持有时间的增长，返还额度会以一个在保险合同中约定的金额或比例不断增加。

某份年金保险合同中的基本保险金额条款是这样约定的：

本合同的基本保险金额由您在投保时与我们约定，并载明于保险单上。若您后续变更基本保险金额，我们将按变更后的基本保险金额计算并承担相应的保险责任。本合同首个养老年金领取日前各保单年度（含首个养老年金领取日所对应保单年度）的有效保险金额等于本合同基本保险金额；首个养老年金领取日后各保单年度（不含养老年金领取日所对应保单年度）的有效保险金额在上一保单年度有效保险金额的基础上递增 7%，即本合同当年度有效保险金额等于本合同上一保单年度的有效保险金额 ×（1+7%）。

如果这份年金保险合同中的被保险人选择从 60 岁开始领取养老金，那么从他 60 岁开始，保险公司给付养老金的金额将每年增加 7%，直到他 105 岁。

这样看来，确定增额领取方式的年金保险产品是不是比固定金额领取方式的年金保险产品更好呢？且慢下结论。无论是哪种产品，保险公司在进行精算时，都要综合考虑保险资金投资的预期收益和资金返还约定等因素。在同样的预定利率下，确定增额领取方式的年金保险产品对比固定金额领取方式的年金保险产品，其领取养老金的额度一定是先低后高的。

假设投保人是一位 30 岁的男性，年交保费 5 万元，交费期 10 年，开始领取年龄为 60 岁。如果他分别投保固定金额领取方式的年金保险产品 A 和确定增额领取方式的年金保险产品 B，在领取养老金时会存在什么差异呢？下面这张图对此有直观展示。

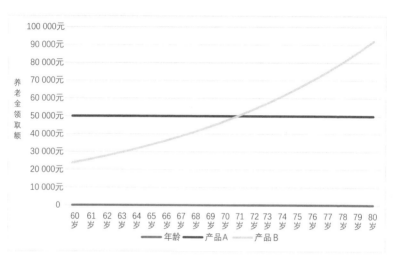

不同领取方式的年金保险产品在领取养老金时的差异比较

第三种是自由规划领取。采用这种领取方式的保险产品，一般是普通型年金保险与万能账户的组合产品。普通型年金保险产品的返还金在默认情况下全部转入万能账户，万能账户中的账户价值通常以每月计算一次复利利息的方式累计增值。购买这种组合产品，投保人可以自由规划养老金的领取方式。

在这种领取方式下，投保人可以自行决定从哪个年龄开始领，每年领多少，是否增额领，是每年增额还是每隔几年增额，增额多少，等等。当然，这种领取方式的保险产品不一定支持终身领取，领取多少年需要进行计算。每年领得多，领取年限就会减少。因此，想要配置这类保险产品的客户，最好咨询专业的保险顾问。

▶▶▶ 延伸阅读

申请领取养老保险金的手续非常简单。以下是某份年金保险合同中关于申请领取养老保险金的相关条款：

在申请保险金时，请按照下列方式办理：

若申领年领或月领的养老保险金，由养老保险金受益人填写保险金给付申请书，并提供下列证明和资料：

（1）保险合同；

（2）受益人的有效身份证件；

（3）被保险人的有效身份证件。

26 马上退休了，如何通过年金保险做养老金规划?

小丽：你说用年金保险做养老金规划要趁早，我的规划已经开始实施了。可我爸再过两年就要退休了，他现在用年金保险规划养老金，是不是太晚了？

小博：用年金保险规划养老金，的确在 35 ~ 45 岁启动最好，但已经 50 多岁快要退休的人，也是可以用年金保险做养老金规划的，只不过在规划方式上有些差别。

▶▶▶ **专业解析**

50 多岁的人，正在或即将进入养老阶段，此时他们的生活一般有"三好"：第一"好"是，他们的子女已经成年，其责任轻了；第二"好"是，他们将要或已经从工作岗位退下来，其压力小了；第三"好"是，他们一般都有了一定的财富积累。

这个年龄段的人在理财方面有其独特之处。

首先是"挣得多，花得少"。他们经历了我国国民经济综合实力由弱到强的过程，赶上了几次财富增长的机遇期。他们小时候的家庭条件往往都比较差，因为经历过苦日子，所以他们容易养成勤俭持家、量入为出的习惯。

其次是"存得多，投得少"。他们的理财风格总体而言偏保守，属于风险厌恶型。他们中的不少人将家中大部分现金资产存在银行，对于股票、基金等投资方式的风险警惕性较高，不愿对这类资产做大比例配置。

这个年龄段的人还有一个比较矛盾的心理：一方面警惕风险，另一方面又容易被"高收益"的宣传所迷惑。他们中的一些人在理财时有过被坑的经历，最典型的就是参与P2P信贷[①]。坊间曾有个说法，在中老年人购买的理财产品中有"三大件"：房子、存款、P2P。房子、存款体现了他们对风险的厌恶，而P2P则体现了他们容易被"高收益"的宣传所迷惑。

这种矛盾心理恰恰显示了这类人的困扰：手里的现金资产有增值的需求，却既无法接受股票、基金收益率的波动，又为银行存款收益率的下降而焦虑，不知该如何做好理财规划。

年金保险正好能够满足他们的需求，化解他们心里的矛盾。

年金保险的购买方式灵活，什么时候买、买多少，都可以自己决定，购买过程也很简单。但需要注意的是，即将退休的人士在购买年金保险时，不要选择交费期太长的产品，可以选择3年或5年交费期的产品，也可以选择趸交。

年金保险虽然不像股票那样，能够给人"一夜暴富"的憧憬，但在长期持有的情况下，其收益率一般比定期存款更具竞争力，同时还不用承担较高的投资风险。

年金保险打理起来也非常省心。很多理财产品在到期后都需要我们评估当时理财市场的状况，重新做出规划。而年金保险的规划

---

① P2P信贷，又称P2P金融，一般指网络借贷。2016年8月17日中国银行业监督管理委员会、中华人民共和国工业和信息化部、中华人民共和国公安部、国家互联网信息办公室发布的《网络借贷信息中介机构业务活动管理暂行办法》将网络信贷定义为"个体和个体之间通过互联网平台实现的直接借贷"。

是长期性的，甚至与被保险人的生命等长，只要我们确定了保险方案，就可以长期执行。

年金保险还可以对接财富传承计划。关于年金保险在财富传承中的作用，我们在后面的章节中有详细论述，这里就不多讲了。

年金保险还有一个隐藏的优点，就是可以避免因亲友借贷或子女挪用等造成损失。损失养老金的原因有很多，比如亲友借贷、子女挪用、冲动消费等。如果我们把现金转化为年金保险，则亲友"借"不走，子女"挪"不动，即使产生消费冲动也不易动用，从而有效避免了养老金的损失。

▶▶▶ 延伸阅读

2019 年，腾讯卫士平台发布了《中老年人反欺诈白皮书》（以下简称《白皮书》）。《白皮书》显示，2019 年上半年，腾讯卫士平台受理的有关中老年人受骗事件的举报数量，超过 2 万次。在这些受骗的中老年人中，有 97% 的人曾产生资金损失，涉案金额从几百元到数万元不等。

从诈骗受害人群的年龄分布来看，45 ~ 50 岁的"70 后"群体占比超过 65%，位居榜首；51 ~ 55 岁的"60 后"群体紧随其后，占比超过 18%，并且这个群体人均被骗金额最高，均值超过 1 万元。

从诈骗受害人群的性别分布来看，45 岁以下人群中，男性所占比例远高于女性；45 岁及以上的人群中，男性与女性所占比例基本持平。

27 我已经有了企业年金，还有必要买年金保险吗？

小丽：听说公司准备给我们买企业年金，有了它，我们退休以后的养老金就增加了。

小博：这事我知道，是我建议你们公司买的。

小丽：哎呀，你不早说！早知道有企业年金，我就不买年金保险了，这不是浪费钱吗？

小博：这可不是浪费钱，它们一点都不冲突。

▶▶▶ **专业解析**

在我国的养老保障体系中，企业年金是养老金补充的方式之一。但目前在我国，企业年金还是一种比较新的养老金补充方式，总体资金规模不大，参与企业、参保职工都不算多。截至2022年末，全国有12.8万家企业建立了企业年金，参保职工为3010万人。

企业年金指的是企业及其职工在共同缴纳基本养老保险的基础上，由企业和职工个人共同出资，为职工单独设立的养老金专属账户。该账户由专业机构进行投资与管理。一般来说，职工在达到法定退休年龄时才可以从账户中领取养老金，或将其转换成商业养老保险产品。

是否建立企业年金，是由企业自主决定的。建立企业年金时企业和职工的出资比例、缴纳方式等，由企业与职工通过集体协商确定。

2017 年人力资源和社会保障部与财政部共同颁布的《企业年金办法》规定了企业年金缴费的上限：

第十五条 企业缴费每年不超过本企业职工工资总额的 8%。企业和职工个人缴费合计不超过本企业职工工资总额的 12%。具体所需费用，由企业和职工一方协商确定。

职工在退休后，可以选择一次性提取，或按月提取自己的企业年金账户里的资金和相应的投资收益，直至账户内的资金全部提取完。

目前，企业为职工建立企业年金可以享受一定的税收优惠，主要体现为企业年金的个人缴费部分可以暂时从个人当期应纳个人所得税的收入额中扣除，缴纳个人所得税的时间将从保费缴付时点递延到企业年金支付时点。

那么，有了企业年金，还有必要买年金保险吗？

即使企业建立了企业年金，其缴费也要在国家规定的限额内。如果国家对此没有限额，允许多缴多领，企业和个人的负担就会加重，企业年金实施起来会有很多困难。因此，我们通过企业年金可以增加的养老金还是有限的。

企业年金和年金保险并不冲突。首先，企业年金加上基本养老保险，仍只能解决一部分养老问题。如果我们想让自己的养老生活更从容，还需要储备更多的养老金，这时就需要年金保险来补充。其次，相对于企业年金，年金保险可以根据实际情况来规划，配置的金额、领取的时间及方式等，都可以灵活设置。

我们可以通过"基本养老保险＋企业年金＋年金保险"的组合，为自己锁定"三重保险"，谱写出美好养老生活的"三重奏"。

▶▶▶ **延伸阅读**

基本养老保险和企业年金的区别如下：

（1）管理机构不同。基本养老保险由中华人民共和国人力资源和社会保障部负责管理；企业年金则由符合国家规定的法人受托机构管理，也可以由企业按照国家有关规定成立企业年金理事会管理。

（2）建立的强制性不同。基本养老保险是依据国家相关政策法规，强制建立和实施的保险制度；企业年金是企业与职工经协商确定后，自行建立的补充养老保险制度。

（3）管理方式不同。基本养老保险的职工缴纳部分进入个人账户，单位缴纳部分进入社会统筹账户；企业年金的企业和职工缴纳费用都进入职工个人的企业年金专用账户。

（4）领取方式不同。基本养老保险社会统筹账户领取的养老金数额与领取当年的社会平均工资挂钩，在一定程度上可以跟上通货膨胀及社会平均工资增长幅度；企业年金的账户只是个人账户，领取金额仅限于该账户内已交资金及相应资金的投资收益，不会因其他条件的改变而改变。

28 40 岁左右的人如何通过年金保险做理财规划?

小丽:我有个表哥,今年 40 岁,他太太 38 岁。他们有两个孩子,女儿 8 岁,儿子 3 岁。我表哥在一家互联网公司做技术总监,年收入税后 90 多万元。我表嫂一直在家做全职太太。两人买房早,虽然房贷还没还清,但由于买房的时候房价较低,所以还款压力不大,每年家庭开销 40 多万元,一年下来还能有 40 多万元的节余。两人的父母都在老家,年龄都超过 60 岁了。表哥表嫂想让孩子接受较好的教育,还准备以后送他们出国留学。你说像他们家这种情况,现在需要买年金保险吗?

小博:你表哥目前的经济状况、职业状况都这么好,真让人羡慕。但他在目前这个阶段,也会面临一些问题。是不是要买年金保险,得先看他可能会遇到哪些问题。

▶▶▶ **专业解析**

40 岁左右,是一个承上启下的阶段。这个阶段有几个比较明显的特点:"上有老,下有小",家庭负担一般都比较重;事业、收入都处于上升期,职业成长通道仍然是打开的;随着收入的上升,生活品质也逐渐提升。因此,处于这个阶段的人,其收入虽然增加了,但每年的结余可能并没有增加。

这样的家庭总体让人羡慕,但也有隐患。以小丽表哥的家庭为例,他们首先面临的就是儿女的教育问题。10 年之后,他们的女儿将进入高等教育期。如果想送女儿出国留学，每年要准备40万~50万元的教育费用。如果女儿学到硕士毕业，6年就需要200万~300万元。16年后，女儿硕士毕业，儿子又进入高等教育期，又要准备一笔200万~300万元的教育费用。

其次，小丽表哥表嫂的父母年事渐高，他们赡养老人的经济负担不断加重。如果老人患上重大疾病，则随时可能产生大笔现金支出。

等到儿女的教育期都结束了，小丽表哥表嫂的年龄也都到了60岁，进入养老阶段。

因此，在40岁左右，孩子的教育期、父母的赡养期、夫妻的养老准备期会叠加在一起，现金流需求会集中爆发。

在职业方面，当今社会发展迅猛，很多行业在一二十年内就会发生很大变化。一个人的职业生涯在40岁以后是否可以持续，是否会出现中年职业危机，具有不确定性。职业的不确定性将带来主动收入的不确定性。

在消费方面，相较于老一辈人的"量入为出"，人们如今的消费观有了很大的改变，过度消费、冲动消费、超前消费屡见不鲜。司马光说"由俭入奢易，由奢入俭难"，有时人们明知冲动消费花的是未来的钱，但就是无法控制。

在投资方面，有些人对自己的风险承受能力认识不清，对投资的不确定性缺乏敬畏之心。"押对这把就行了""等我在这波股市赚到钱再说"……他们总是以赌博的心态进行投资。

对于很多40岁左右的人而言，其优势是职业收入较好，家庭财务状况良好，有一定的财富积累和投资经验。在这个时期，他们学会使用年金保险等理财工具做好理财规划与布局相当重要。

具体来说，40 岁左右的人用年金保险做理财规划时应关注以下四点：

（1）他们可以先借助年金保险等理财工具的强制储蓄功能，建立专款专用的储蓄账户，再在资金安全的基础上，运用长期、复利的理财工具提高理财绩效。

（2）由于他们离退休还有较长的时间，所以他们可以拉长年金保险的交费年限，制定 10 年或 15 年的交费规划。

（3）他们不需要立即建立大额的保险资产，只要把家庭节余按一定比例用于购买年金保险，细水长流地做好保险资产规划即可。

（4）由于他们的经济状况一般都比较好，所以他们在选择年金保险的同时，还可以选择一些风险较大的投资方式。

▶▶▶ 延伸阅读

2022 年 6 月，前程无忧网发布了《"35 岁 +"人群就业压力观察 2022》报告，通过市场供需数据调查与人群访谈，呈现了部分"35 岁 +"人群的就业现状。

报告显示，在职业晋升方面，超过 60% 的"35 岁 +"受访者处于非管理岗位；超过 70% 的"35 岁 +"受访者表示，最近一次职业晋升在 35 岁以前。

"35 岁 +"的职场人普遍面临着"跳槽难"的现状。前程无忧网此前发布的《2022 春季职场跳槽观察》报告显示，仅有 14.5%的受访者在 2022 年春季（春节后至 4 月底）完成了跳槽计划，而"35 岁 +"人群在其中的占比不足 20%。

《"35 岁 +"人群就业压力观察 2022》报告显示，2021 年，"35 岁 +"受访者平均投递简历数量同比增加了近 25%，获得的面试机会却同比下降了 20%。

29 丁克家庭如何通过年金保险规划养老生活?

小丽：宁宁结婚10年了，却没有孩子。上次聊天才知道，原来她准备做丁克一族。虽然没有养育孩子的负担，可岁数大了，身边没有孩子，养老问题怎么解决?

小博：时代不同了，成为丁克一族是一部分人的选择。对于养老问题，由于现在的社会并非只能靠孩子养老，丁克家庭完全可以提前给自己规划好养老生活。

小丽：哈哈，是不是年金保险就能起到这样的作用?

小博：恭喜你，你已经学会抢答了!

▶▶▶ **专业解析**

随着时代的发展，一些人选择了"丁克"这种家庭模式。简单来说，丁克家庭就是夫妇都有收入并且不打算生育孩子的家庭。丁克家庭没有养育孩子的负担，相应地，将来也就没有子女帮他们养老。因此，在养老金规划方面，丁克家庭需要做更多、更充分的准备。

丁克家庭除了和普通家庭一样，需要对现金流进行长期规划，还有一些其他需要注意的规划重点。比如，丁克家庭养老主要靠自己，所以要准备充足的养老金；由于没有孩子，财富传承的需求相对较弱，因此规划的重点应该是保证较高品质的养老生活，解决养老阶段的医疗、长期护理费用等问题。

在配置养老年金保险时，丁克家庭可以重点关注以下六个方面。

1. 注意选择产品类型

建议选择终身型年金保险产品，并且在合同中写明"终身保障"（一些保险公司会以保障到 105 岁的产品替代终身保障的产品，也是可以选择的）。

2. 选择合适的年金保险领取方式

按不同的领取方式，养老年金保险产品可以分为两大类：一类是只领取利息，大额本金一直不动，传承给后代的产品；另一类是本金和收益同时领取，不考虑传承问题的产品。建议丁克家庭选择后一类产品。

3. 夫妻双方各配置一份

建议夫妻双方各配置一份养老年金保险，这样即使其中一方提前离世，另一方也能有一份伴随终身的养老金。

4. 关注对接养老社区的年金保险产品

养老年金保险可以解决丁克家庭的养老金和资产保全问题。但是只解决钱的问题还不够，丁克家庭还希望得到较好的养老资源。对于丁克家庭来说，居家养老会有很多不便，甚至会面临许多安全隐患。养老社区是一个综合性的养老服务集群，不仅可以为老年人提供住宿、饮食和生活服务，还可以提供一定的医疗服务。如今，多家保险公司已经可以提供"养老保险＋养老社区一体化"的养老生活解决方案了。养老社区由保险公司出资修建，只要客户购买指定金额的年金保险，就可以获得入住资格。

5. 注意做好保障型保险的配置

重疾险和医疗险是丁克家庭必须足额、及早配置的险种，且保险期间要选择终身。此外，丁克夫妻双方购买人寿保险时，可以考虑互为身故受益人。

6. 充分了解"意定监护"制度

对于单身且无子女的老人来说，如果出现失能、失智等状况，谁来承担监护责任呢？我国的法律法规支持"意定监护"，也就是说，老人可以按个人的意志指定监护人。丁克家庭如果已经确定了监护人，在购买保险时，可以将其指定为身故受益人，这样既可以确保自己有可靠的监护人，又可以给监护人确定的补偿与回馈。

总之，丁克家庭一定要更加全面、充分地规划养老生活，才能真正地享受现在，从容老去。

▶▶▶ 延伸阅读

《中华人民共和国民法典》（以下简称《民法典》）第三十三条对"意定监护"的定义如下：

具有完全民事行为能力的成年人，可以与其近亲属、其他愿意担任监护人的个人或者组织事先协商，以书面形式确定自己的监护人，在自己丧失或者部分丧失民事行为能力时，由该监护人履行监护职责。

意定监护必须采用书面形式确定监护人。双方当事人应签订书面合同或授权委托书，仅口头约定是没有法律效力的。若当事人希望协议的效力更强，可咨询律师并对协议进行公证。

30 是以房养老还是以年金保险养老?

小丽:我昨天路过小区门口的房屋中介公司时,听业务员说,我们小区的房子又涨价了。要是我手头有两三套房子,是不是就不用发愁养老问题了,也不用买年金保险了?

小博:这个问题不能一概而论,我来给你详细说说。

▶▶▶ 专业解析

是以房养老还是以年金保险养老,并不是一道简单的选择题。房子看得见、摸得着,是固定资产,且就目前来看,它能长期保值,还能获得出租收益,无疑是优质资产;而以年金保险养老,也有其独特的优势。

选择以房养老前,我们先要看看自己是只有一套自住房,还是有可以用来出租的房子。

如果我们只有一套自住房,显然不能把它租出去,也不太可能把它卖掉,可以考虑用"倒按揭"(反向抵押)的方式以房养老,也就是把住房作为抵押物,向保险公司贷款,以用于养老。

住房反向抵押养老与出租或卖掉房子养老不同,我们在将房屋抵押给保险公司后,可以继续住在已抵押的房子里。在世时,我们可以定期领取一定数额的养老金;去世后,该房屋产权归保险公司所有。

这种反向抵押、以房养老的方式需要保险公司的参与。2014

年，保监会正式开始在相关城市进行"以房养老"保险试点；2015年3月，全国首款"以房养老"保险产品由幸福人寿推出。截至2023年6月，只有幸福人寿、中保人寿推出了"以房养老"的保险产品。

客观地说，这种反向抵押、以房养老的模式目前还不是很成熟，相关产品的设计还有待改进。

如果我们手头有可以出租的房子，选择以房养老，可以重点考虑以下三个问题。

1. 房子的租金回报率

租金回报率，是指房屋出租一年的租金和房价的比值。根据诸葛找房数据研究中心发布的《2022上半年重点50城租售比调查研究报告》可知，2022年上半年我国50座重点城市的租金回报率为1.95％。也就是说，如果我们持有一套价值1000万元的房子，一年的净租金收入不足20万元。如果我们再考虑空租的情况，回报率就更低了。

单从租金回报率来讲，很多房子，特别是大中型城市的房子，其创造现金流的能力是较弱的。

2. 房子未来的增值空间

当然，我们持有房产，除了看重房租收益，还看重房产本身的增值空间。但从长远来看，我国的房价已趋于平稳，未来出现大涨的可能性较低。特别是在三四线城市，有些房子的资产增值能力正在下降。

国家统计局公布的数据显示，2022年我国城镇化率为65.22％。有些专家预测，到2035年，我国城镇化率将升至75％～80％，达到发达国家水平。我国城镇化率虽然还有继续提升的空间，但空间已经不是很大了。城镇化进程是影响房价的关键因素之一，一般情况下，随着城镇化进程放缓，房价上涨的幅度也会随之降低。

人口老龄化也会对房产需求产生影响。我国每年出生人口从1990年开始就出现大幅下滑，2000年起一直在1500万人左右徘徊。2022年，我国出生人口下降到956万人，当年死亡人口则为1041万人，出现了近61年来的首次人口负增长。

世界卫生组织把老龄化的社会进一步细分为"老龄化社会""老龄社会""超老龄社会"，这三个阶段的划分标准分别是65岁及以上人口占比达到人口总数的7%、14%和20%。2022年，我国65岁及以上人口为20 978万人，占全国人口的14.9%，这意味着我国已进入"老龄社会"。

老龄人口往往在购买房产方面的需求不高，随着我国人口老龄化程度加深，其购买房产的需求会进一步降低，这对房产价格也会带来一定的影响。

3. 房产传承问题

以房养老还有一个要考虑的问题，就是该如何进行传承。在房产传承过程中，特别是在继承人较多的情况下，是否会出现继承纠纷？是否能做到公平、公正？房产在传承过程中产生的相应税费，是否会对资产造成较大折损？

这三个问题，是我们在考虑以房养老时需要重点关注的。

以年金保险养老的优势，我们已经讲了不少。这里再和以房养老做个简单的对比。目前，年金保险的收益率一般都超过3%，并且这个收益率可以长期锁定；年金保险有创造稳定现金流的能力；

年金保险属于金融资产，易于实现定向、无争议、无损耗的传承；年金保险可以进行保单贷款，并且保单贷款一般比房屋抵押贷款资金到账更快、手续更简便、还款方式更灵活。

每种金融工具都有其独特的价值，也有其不可避免的缺陷，建议大家对自身情况进行综合考量，为自己的养老生活做好规划。

▶▶▶ **延伸阅读**

根据诸葛找房数据研究中心发布的数据可知，2021年和2022年各大经济圈租金回报率对比（见下表）。

2021年和2022年各大经济圈租金回报率对比

经济圈划分	2022年租金均值（元/平方米/月）	2022年房价均值（元/平方米）	2022年租金回报率	2021年租金回报率	租金回报率变化
东北经济圈	28.19	13 095	2.58%	2.60%	−0.02%
海峡经济圈	39.23	30 496	1.54%	1.57%	−0.03%
泛渤海经济圈	31.08	18 296	2.04%	1.95%	0.09%
西北经济圈	24.89	10 991	2.72%	2.87%	−0.15%
西南经济圈	27.83	13 366	2.50%	2.50%	−0.01%
大长江三角经济圈	40.77	28 130	1.74%	1.78%	−0.04%
中部经济圈	25.35	14 225	2.14%	2.18%	−0.04%
大珠三角经济圈	36.95	24 014	1.85%	1.86%	−0.01%

31 面对不同类型的养老年金保险产品该怎么选?

小丽：我有个姐妹，她想买一份养老年金保险。上次她问我，市面上有那么多保险公司，它们又分别有那么多不同类型的养老年金保险产品，到底该怎么选。我该怎么和她说？

小博：你还是让她直接来找我，或者让她找一位专业的保险顾问咨询一下吧。

小丽：你太小看我的能力了。

小博：不是我小看你的能力，而是你小看了我的专业。用年金保险做养老规划的技术含量很高，涉及至少四个方面的问题。你听我讲讲就知道这有多复杂了。

▶▶▶ **专业解析**

选择养老年金保险产品，需要考虑四个方面的问题：收益类型、交费期间、领取方式和财富传承。

1. 收益类型

年金保险产品的收益类型可以分为两种：一种是固定收益类，另一种是浮动收益类。

固定收益类年金保险产品也就是普通型年金保险产品。

浮动收益类年金保险产品包括分红型年金保险产品和万能型年金保险产品，其收益分为保证收益和浮动收益两部分。浮动收益类年金保险产品的实际收益是不确定的，但保证收益（固定收益）是确定的，再加上某个浮动收益，即实际收益是"保证收益 + 浮动收益"。其中，浮动收益可以为零，但不会为负数。一般而言，同一时期内，市场上浮动收益类年金保险产品的保证收益要低于普通型年金保险产品的固定收益。

对于选择哪种收益类型的年金保险产品，我们既要结合自己对未来投资市场收益率的预判，又要结合自身情况。如果我们已经进入养老阶段或即将进入养老阶段，对未来投资市场的收益并不乐观，又对投资收益的确定性有比较高的要求，就应该选择普通型年金保险产品。

2. 交费期间

年金保险的交费期间包括 3 年、5 年、10 年、20 年等，有些产品可以趸交（一次性交清）。

交费期间的长短主要取决于我们的年龄和保费来源。如果我们的年龄在 50 岁左右，希望把已有资产转换为年金保险，建议选择短期交费，比如 3 年或趸交；如果我们的年龄在 30 ~ 40 岁，有稳定的职业收入，则建议选择 10 年或更长的交费期间。对于 10 年以上交费期间的保险产品，我们一定要考虑交费的可持续性，因为如果断交保费，可能会产生一定的损失。在投保前，我们最好请专业的保险顾问为我们讲解保险合同的相关条款，以便提前做好规划。

3. 领取方式

养老年金保险有多种领取方式：定期领取，即领到一定年龄就结束了；终身领取，即领到被保险人身故为止；固定额度领取，即每年领取固定金额；增额领取，即每隔 1 年或 3 年领取金额就有一定幅度的增加；月领，即按月领取；年领，即按年领取……有些产品还可以根据我们的需要提供更加灵活的领取方式。本书第 25 节对年金保险的领取方式有较为详细的论述，大家可以参考。在签订养老年金保险合同时，我们要关注领取方式是不是符合自己的预期。

如果我们希望领取方式较为灵活，可以搭配一个万能型保险。目前市场上各家保险公司的年金保险产品通常会搭配一个万能型保险，形成保险组合产品。

4. 财富传承

在规划养老资产时，我们不可避免地要面对财富传承问题。

养老年金保险本身具备财富传承功能。投保养老年金保险时，我们可以在保险合同中设置身故受益人。有些年金保险产品可以约定在被保险人身故时，返还所有已交保费给身故受益人，这相当于把年金保险的收益给被保险人，而把本金传承给身故受益人。有些年金保险产品可以约定保险人不承担身故赔偿的保险责任，而把本金逐步返还给被保险人。假设交同样的保费，则无身故赔偿责任的年金保险产品，其养老金返还会相应多一些。对于购买的年金保险是否有身故赔偿责任，我们需要在合同中予以确认。

通过考量收益类型、交费期间、领取方式和财富传承这四个方面，我们对养老年金保险产品的选择就可以形成一定思路了。

▶▶▶ **延伸阅读**

年金保险的领取方式可以变更吗？年金保险的领取方式是否可以变更，要看保险公司对年金保险产品的具体规定。大部分年金保险产品在领取开始前支持变更领取方式，而在领取开始以后，一般就不支持变更领取方式了。

需要注意的是，一份保单的领取方式从年领变更为月领，月领的金额并不是由原来每年领取的金额除以 12 得来的。一般来说，如果我们选择月领，则每年总计领取的金额会比年领的金额多一些。

32 无风险收益率下降对养老金有哪些影响？

小丽：以前我在银行购买的理财产品基本上都能保本，而现在的银行理财产品都不保本了。为什么会出现这种状况呢？

小博：这是因为近些年我国金融市场的无风险收益整体下降了，不只是银行的理财产品不保本了，很多基金、国债的收益也在下降。

小丽：等等，我没听明白，你说的"无风险收益"是什么？

▶▶▶ **专业解析**

无风险收益是指把资金投资于一个没有任何风险的投资对象所得到的收益，相应的收益率就是无风险收益率。这里的"无风险"，是由国家法律层面担保的无风险，比如我们从银行存款、国债、保险中获得的收益都是无风险收益。我国最高的无风险收益率可以参考 10 年期国债收益率。

我们每隔一段时间就会听到一些关于长期国债利率下降、定期存款利率下降的消息，还会发现银行短期理财、余额宝、货币基金等金融产品的利率不断下降。这些都是无风险收益下降的表现。

我国金融产品的无风险收益率正处于下降通道，其背后有三个主要原因。

1. 我国经济增速放缓

银行付息给储户，并把储户的存款以贷款的方式借出，从而赚取存款和贷款之间的差价。当经济快速发展、投资机会较多时，企业有钱可赚，可以接受的贷款利率就会相应较高。贷款利率高，存款的利率一般也会随之升高。

国债则是国家为了促进经济发展，向社会筹集资金的手段。经济发展预期较好时，国债收益率也会升高。

由于我国现阶段经济增速逐渐放缓，投资回报率整体下降，所以相应地，国债、银行存款利率也随之下降。

2. 货币发行量持续增大

当广义货币供应量达到一定规模，市场上的货币不再是稀缺资源时，金融产品的收益率就会降低。

3. 利率市场化的影响

利率市场化是指金融机构在货币市场经营融资的利率水平。它是由市场供求决定的，而不是由监管机构决定的。实体经济发展到一定程度必然会推动利率市场化。通俗地说，利率就是"钱的价格"。在市场机制较为完善的情况下，利率水平应该由市场来决定，也就是由贷款需求方（企业）和资金提供方（储户）通过金融中介（银行），依市场状况确定利率水平。利率市场化的重要目的之一是降低企业融资成本，因此，利率市场化可能会使企业贷款利率下降，从而使存款利率下降。

在资产配置中，我们通常会将一定比例的资产投资于相对安全的投资对象，比如定期存款、债券等。而无风险收益率的下降，必然会导致资产整体收益下降。

无风险收益率下降对于储备与管理养老金尤其不利。养老金是一笔对安全性要求极高的资产。对养老金进行规划，是我们要做的一项长期资产规划。

假设我们的目标是退休后每年给自己补充 12 万元养老金，如果收益率为 3%，则我们需要 400 万元本金；如果收益率为 2%，则需要 600 万元本金；如果收益率为 1%，则需要 1200 万元本金（见下表）。

不同收益率所需本金情况对比

无风险收益率	计算方法	每年产生12万元补充养老金所需的本金
3%	12万元 ÷ 3% =400万元	400万元
2%	12万元 ÷ 2% =600万元	600万元
1%	12万元 ÷ 1% =1200万元	1200万元

我们通过年金保险锁定资产的无风险收益率，可以在一定程度上避免收益率进一步下降的风险，对我们规划养老金起到一定的积极作用。

▶▶▶ **延伸阅读**

周小川在 2019 年 11 月出席 2019 年创新经济论坛时表示，中国可以尽量避免快速地进入负利率时代。

周小川的讲话是在中国经济增速放缓与全球经济进入低利率时代的大背景下做出的。在日本、瑞士、丹麦等国家实施负利率政策的背景下，中国未来的存款利率仍有走低的可能。

33 购买年金保险后如何对接养老社区？

小丽：上个礼拜我爸参观了一家养老社区，回来就"路转粉"了。他说那个养老社区环境好、设施好、服务好，还说不是什么人都能入住，只有买了某家保险公司的养老年金保险的人才能入住。真有这样的养老社区吗？我爸不会受骗了吧？

小博：你有这种"让老年人提高警惕，别上当受骗"的意识是对的。不过，你说的那种养老社区还真有，不是骗人的。

小丽：哦？你快给我讲讲。

▶▶▶ **专业解析**

人口老龄化给养老产业带来了商机。但是，养老地产或养老社区这种"看上去很美"的商业模式，20多年来，相比其他产业，在我国的发展速度并不是很快。

目前在养老市场上较为活跃的机构主要分为三类：第一类是传统养老机构，第二类是保险公司，第三类是房地产企业。

传统的养老机构普遍存在贷款难、投资周期长、收益率低、企业生存困难等问题。养老服务作为传统养老机构的主业，很难有较大的盈利空间，造成很多传统养老机构缺乏较强的资金实力。

房地产企业开发养老地产会面临一种尴尬的局面：不卖房，很难盈利；卖房，又背离了从事养老产业的初衷。

保险公司投资养老地产、建设养老社区逐渐摸索出一套可持续、可复制的模式，即保险公司出资修建养老社区，只要客户购买一定金额的养老保险产品，就可以获得入住资格。

从十几年前开始尝试，到现在多家保险公司加入，保险养老社区数量呈现出持续增长的态势。相对于传统养老机构、房地产企业，保险公司在开发、运营养老社区方面有一些天然优势，主要包括以下三点：

第一，养老社区的建设与运营需要长期投入大规模资金，至少几十亿元起，百亿元以上的投入也很正常。同时，养老社区投资的回报周期较长，很少有公司可以像保险公司一样长期投入如此大规模的资金，并且可以在相当长的时间内承受无法收回投资成本的压力。

第二，保险公司不仅为客户提供养老方面的财务解决方案，还早已将服务扩展到医疗、健康领域。而长期的现金流、医疗服务、健康服务正是客户在养老过程中迫切希望得到的服务。在养老社区的建设与运营过程中，保险公司更容易整合相应的资源。

第三，投保人购买一定数额的年金保险，就意味着将一笔资金长期放在保险公司。这笔资金的本金可以由保险公司用于养老社区的建设，而在养老阶段，年金保险返还的养老金又为被保险人提供了入住养老社区的费用支持，这就形成了持续的、良性的资金链。

年金保险对接养老社区，对解决养老过程中的财务与康养两大问题起到了积极作用，因此，它逐渐成为很多养老年金保险的附加权益。

▶▶▶ **延伸阅读**

我国有 10 多家保险公司在不同城市打造了各具特色的保险养老社区，总投资额超过千亿元，部分养老社区已投入运营。以下资料根据国内部分保险公司的公开资料整理而成（见下表）。

国内部分保险公司打造的养老社区

保险公司	养老社区
泰康人寿	泰康之家
光大永明人寿	光大汇晨
恒大人寿	恒大养生谷
太平人寿	梧桐人家
招商仁和	仁和颐家
合众人寿	合众优年
人保寿险	人保颐园
中国人寿	国寿嘉园
新华人寿	新华家园
复星保德信	星堡
阳光人寿	阳光人家
太平洋人寿	太保家园
平安人寿	平安颐年城、逸享城
君康人寿	君康年华

34 购买年金保险后如何对接居家养老服务？

小丽：虽然我爸妈愿意去养老院，可我还是觉得居家养老好。即使养老院的设施再好，也不如在自己的家住着自在、舒心。但我和我老公平时都上班，孩子又小，可能没有时间和精力照顾老人，万一老人出点什么事就糟了。

小博：现在这种儿女没精力照顾老人的情况还是挺普遍的。其实除了亲自照顾，我们还可以借助一些其他力量来照顾老人的生活。一些保险公司就有对接居家养老的服务。

小丽：如果专业机构能够帮我分担一些照顾老人的工作，我就可以放心让爸妈居家养老了。

▶▶▶ **专业解析**

随着社会的发展，养老方式逐渐呈现出多元化特征，但居家养老对于大多数老人来说依然是第一选择。

我国倡导推行"9073"养老模式，即90%的老人居家养老，7%的老人依托社区支持养老服务，3%的老人入住机构养老（见下图）。

这种养老模式以居家养老为核心，以社区养老和机构养老为辅助。但目前提供居家健康和医疗服务的机构较少，特别是能够满足老年人群实际需求的服务机构较少。对于服务质量，也缺乏相关标准和对应的监管主体。

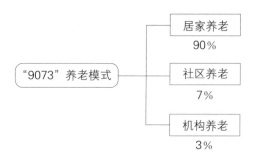

"9073"养老模式示意图

2022年3月，国务院发布《"十四五"国家老龄事业发展和养老服务体系规划》，三次提及居家养老，指出要"强化居家社区养老服务能力"，"构建和完善兜底性、普惠型、多样化的养老服务体系，不断满足老年人日益增长的多层次、高品质健康养老需求"，体现了国家对居家养老服务的重视程度。

保险与养老关系密切。很多保险公司的策略是以重资布局养老产业，建设养老社区，而居家养老仍是一片尚未充分开发的"蓝海"。近几年，有些保险公司已经进入这片养老"深水区"。

保险公司将年金保险与居家养老相结合的主要模式是：客户购买养老年金保险达到准入资格后，保险公司会附加一系列居家养老服务权益。这些权益针对居家养老的主要需求而设计，可以让被保险人在领取保险金的同时，享受保险公司提供的居家养老服务。

保险公司提供的居家养老服务包含起居生活、医疗资源、安全照护，等等。在起居生活方面，保险公司可以对居住空间进行适老化改造，让老人的生活环境更安全、更舒适；在医疗资源方面，保险公司可以为老人提供7×24小时远程诊疗，并提供全国百强三甲医院等医疗机构的绿色通道服务；在安全照护方面，保险公司可以为老人安装家居智能设备，以监测老人的家居环境以及老人跌倒等多种风险事件。当风险出现时，智能设备可以做到秒级预警，并第一时间介入，呼叫紧急医疗，并将风险信息同步给老人的子女等家属。此外，智能手环和智能管家平台可以将老人的生命体征数据同步给家庭医生，这样家庭医生就能随时掌握老人的健康状况，减少健康意外的发生。目前，这些服务还在起步阶段，涵盖范围有限，未来还有很大的扩展空间。

保险公司通过将年金保险与居家养老相结合，解决了养老阶段的两个重要问题：一是经济保障，二是养老服务。年金保险在抵御未来通胀的同时，为客户的养老生活增添了一份经济保障。而在养老服务方面，保险公司则凭借独特的资源优势，为客户提供了医疗、养老、康复保健、保险四位一体的养老服务方案。

▶▶▶ **延伸阅读**

国务院印发的《"十四五"国家老龄事业发展和养老服务体系规划》中与养老金融服务相关的内容如下：

（十九）有序发展老年人普惠金融服务。

促进和规范发展第三支柱养老保险。支持商业保险机构开发商业养老保险和适合老年人的健康保险，引导全社会树立全生命周期的保险理念。引导商业保险机构加快研究开发适合居家护理、社区护理、机构护理等多样化护理需求的产品。研究建立寿险赔付责任与护理支付责任转换机制，支持被保险人在失能时提前获得保险金给付，用于护理费用支出。支持老年人住房反向抵押养老保险业务发展。积极推进老年人意外伤害保险。鼓励金融机构开发符合老年人特点的支付、储蓄、理财、信托、保险、公募基金等养老金融产品，研究完善金融等配套政策支持。加强涉老金融市场的风险管理，严禁金融机构误导老年人开展风险投资。

35 年金保险如何通过合同方式确保养老基础现金流？

小丽：我看了半天保险合同，也没明白年金保险是如何确保我在养老阶段的基础现金流的。

小博：这个简单，一般来说，你只要关注年金保险合同里的一些基本条款和几个细节内容就可以了解，我这就给你指出来。

▶▶▶ 专业解析

我们以一个案例来说明年金保险是如何在养老阶段为我们提供现金流的。

刘先生夫妇都是 48 岁，家庭幸福美满，夫妻双方事业发展都很好。考虑到退休生活越来越近，他们希望用年金保险为自己增加一份长期保障。

在保险顾问的介绍下，刘先生夫妇分别购买了一份年金保险。以刘先生为例，保费分 3 年交完，每年交费 44.6 万元，共交费 133.8 万元。下面是刘先生所购年金保险的保单基本信息（见下表）。

投保人、被保险人信息				
对象	姓名	年龄	性别	职业类别
投保人、被保险人	刘先生	48岁	男	1类职业
产品信息				
产品名称	基本保险金额/份数	保险期间	首年保险费	交费年期
××养老年金保险	80 110.65元	至105岁	446 000元	3年

刘先生所购年金保险提供的养老资金见下表。

刘先生所购年金保险提供的养老资金

养老资金	
给付原因及标准	给付金额
从60岁开始至105岁，被保险人每年到达保单周年日仍生存，给付基本保额，保证给付30年被保险人在保证给付期间内身故，一次性给付保证领取240.33万元与已给付金额的差额给受益人或被保险人的继承人，本主险合同终止	8.01万元／年

上表所示的内容是一份标准的普通型养老年金保险合同中的给付条款。合同的主要保险责任非常简单，就是保障被保险人从60岁至105岁的养老现金流。

合同约定保险公司将从被保险人（刘先生）60 岁开始，每年给付 8.01 万元养老保险金，直到他年满 105 岁。

除了这个给付条款，合同中还有以下四个细节大家需要注意。

1. 养老金的领取方式可以选择"年领或者月领"

一般而言，选择月领比选择年领每年领取的总额会多一些。这份保险合同约定："若您选择月领方式……我们在每月的第 1 日按照本主险合同基本保险金额的 8.5％给付 1 次养老保险金至保险期间届满时结束。"

2. 有"保证给付"的条款

这份保险合同约定，保险公司对刘先生负有长期给付养老金的义务。但如果被保险人刘先生不幸提前身故，比如只领取了十几年养老金就去世了，该怎么办呢？"保证给付"条款回答了这个问题。

这份保险合同约定，"保证给付"期限为 30 年，具体内容如下："被保险人在保证给付期限内身故，我们按照保证给付期限内应给付的养老保险金总额与已给付的养老保险金两者的差额一次性给付'保证给付的养老保险金'，本主险合同终止。"

这意味着，如果刘先生领取养老金未满 30 年就去世了，则保险公司会用 240.33 万元减去刘先生累计已经领取的养老金，把差额作为身故保险金一次性付给保险合同中约定的身故受益人或刘先生的继承人。

3. 被保险人身故不一定会留钱给身故受益人

这份保险合同约定，如果被保险人按合同约定领取养老保险金超过 30 年后去世，比如在 95 岁时去世，则保险公司没有给付身故保险金给受益人的义务。也就是说，这份保险主要用于被保险人的养老生活，在领取过 30 年的养老保险金后，就没有资产传承给身故受益人了。

4. 领取期确定至 105 岁

这份养老年金保险的重要特点之一是，进入领取期后，领取方案不可以更改，确定至 105 岁。设立这项条款的意义在于，当被保险人进入养老阶段，这份年金保险所给予他的长期养老现金流是完全属于他的，即保险合同条款保证了被保险人在生存状态下拥有确定的现金流。即便其在失去自主能力、失去清醒意识的极端情况下，依旧可以持续获得现金流。

通过以上这些约定，这份年金保险合同保证了刘先生的养老计划能够达成。当然，不同保险合同的条款在表述上可能不完全一样，我们在签订合同时要特别注意。

▶▶▶ 延伸阅读

某份保险合同有关养老保险金给付的部分条款如下：

保险责任：养老保险金

养老保险金有年领和月领两种方式，您可以选择其中一种领取方式，经我们审核同意，您在选择的领取方式下可以与我们约定即期领取或约定领取年龄领取：

若您选择年领方式且为即期领取，被保险人在犹豫期满后次日生存，我们在犹豫期满后次日按照本主险合同基本保险金额给付首次养老保险金。以后每年保单周年日被保险人仍生存，我们在每年保单周年日按照本主险合同基本保险金额给付 1 次养老保险金至保险期间届满时结束，并按照您选择的保证给付期限保证给付。

若您选择年领方式且为约定领取年龄领取，自您与我们约定的被保险人养老保险金领取年龄的保单周年日开始，被保险人每年到达保单周年日仍生存，我们在每年保单周年日按照本主险合同基本保险金额给付 1 次养老保险金至保险期间届满时结束，并按照您选择的保证给付期限保证给付。

…………

36 如何在领养老金的同时留一笔钱给孩子?

小丽：我上次向我爸介绍了年金保险后，他很感兴趣，想给自己买一份，可是又有点犹豫，说手头的钱有限，如果都买了年金保险，虽然养老金更充裕了，但以后留给我的钱就少了，他还想给外孙留点呢。老人辛苦了一辈子，老了还惦记着我们。

小博：让你父亲别再纠结了。这个问题很好解决，只要选择一款合适的年金保险产品，就可以在领养老金的同时，给孩子留下一笔钱。

▶▶▶ 专业解析

在规划养老现金流的时候，有人希望达成这样的效果：存一笔钱，到了养老阶段花这笔钱的收益，但本金一直不动，留作备用或者在自己百年之后留给下一代。我们以一个案例来说明年金保险是如何在做好养老现金流规划的同时实现财富传承的。

王女士今年 45 岁，是一位企业主。她想用年金保险补充自己未来的养老现金流。对于这份年金保险，她有两个要求。

第一，她希望交费期短一些。虽然短期看公司状况很好，但未来存在一定的不确定性，所以她希望趁资金充裕时交清保费。相对于收益率，王女士更看重养老金的安全性，只要本金安全即可，不追求太高的收益率。

第二，她希望将获得的现金流主要用在自己身上。王女士已经为 17 岁的儿子准备了充裕的教育金和生活费，她准备将这份年金保险产生的现金流主要用在自己身上，用不完的，等自己身故后再留给儿子。

在保险顾问的介绍下，王女士购买了以下这份年金保险：

交费方式为年交，保费分 3 年交清，每年交费约 91.2 万元。保险责任主要有两项：一项是生存保险金，另一项是身故保险金。合同约定，王女士作为被保险人从 48 岁开始至终身，每年可领取 6 万元生存保险金，自 61 岁开始，每年可多领取 6 万元生存保险金，也就是说，她从 61 岁开始直到终身，每年可领取 12 万元生存保险金。如果王女士身故，保险公司给付已交保费与保单现金价值两者相较后的较大者至身故受益人。

这份保单有以下五点需要我们重点关注：

（1）保单每年都有生存保险金的返还，直至被保险人终身。无论未来保险公司投资收益如何、市场是否降息，这项给付义务都不会改变。

（2）保单的本金用于传承。这份保单约定，在被保险人身故时，保险公司给付已交保费与保单现金价值两者相较后的较大者至身故受益人。也就是说，在被保险人身故时，无论已经领取多少年生存保险金，保险公司至少会给付已交保费给身故受益人。这是一个典型的存本取息型的养老年金保险，即本金一直不动，只把保单的收益用于被保险人的养老生活。

（3）本金可以在特殊情况下动用。王女士目前的安排是，这份保单的本金长期不动用，只按照合同约定领取生存保险金。如果遇到特殊情况需要动用这笔保险资金，王女士可以通过退保的形式终止合同，拿回保单的现金价值。

（4）保单具有保单贷款的功能。如果王女士临时需要用钱，可以使用保单贷款功能，获取现金流。

（5）保单的主险是普通型年金保险，同时搭配一个万能账户。返还的生存保险金如果不领取，可以进入万能账户进行二次增值。

这份保单对于王女士的价值是：不但锁定了终身的养老现金流，而且把本金通过指定身故受益人的方式传承给下一代。这样的设计既补充了养老现金流，又对一部分财产的传承做了提前安排。

▶▶▶ 延伸阅读

含身故保险责任的某年金保险合同关于保险责任的条款如下：

在本主险合同保险期间内，我们承担如下保险责任：

生存保险金

自本主险合同第 3 个保单周年日开始，每年到达保单周年日被保险人仍生存，我们按基本保险金额的 12% 给付生存保险金。

养老保险金

自被保险人 60 周岁的保单周年日之后（不含 60 周岁的保单周年日）且本主险合同生效满 3 年，每年到达保单周年日被保险人仍生存，我们按基本保险金额的 12% 给付养老保险金。

身故保险金

被保险人身故，我们按下列两者的较大值给付身故保险金，本主险合同终止：

（1）本主险合同的所交保险费；

（2）被保险人身故当时本主险合同的现金价值。

上述所交保险费按照身故当时的基本保险金额确定的年交保险费和保单年度数（交费期满后为交费年度数）计算。

Chapter

3

第三章

一

人生规划

37 为什么年金保险可以匹配长期现金流管理？

小丽：听你的建议买了年金保险后，我就开始建议身边的朋友都为自己配置一份。但是似乎我说了半天，朋友们也没听明白。昨天就有个朋友问我，能不能直接告诉她年金保险最重要的功能是什么，这还真把我问住了。

小博：这个问题问得好。简单来说，年金保险最重要的功能就是为长期刚性现金流需求做准备。不过，要说年金保险为什么能实现这个功能，就得多说两句了。

▶▶▶ **专业解析**

对于大多数家庭来说，年金保险最重要的功能就是能为未来的刚性现金流需求做规划。

在家庭理财规划中，医疗、养老、教育是三大刚性现金流需求。满足这三大刚性现金流需求只有两个途径："人赚钱"与"钱生钱"。除此之外，我们还需要对现金流做规划与风险管理。

需要规划的现金流包括基础现金流，比如日常开销；突发风险应急现金流，比如医疗救治、重病康养的支出；刚性现金流，比如孩子的教育费用、自己的养老费用。

为什么长期现金流管理与年金保险较为匹配呢？这是因为长期现金流管理有以下六个原则。

1. 保证不少于最低限额

长期现金流的最低限额就是家庭的基础生活开支。长期来看，这个最低限额是底线。短期来看，明晰底线可以帮助我们有选择地压缩开支，把节余下来的钱转化为长期规划的资源。

2. 分阶段管理

我们要在人生的不同阶段，预估自己未来的收入水平、职业发展变化，从而规划父母赡养、子女教育等重要支出。更进一步，我们要按重要事件发生的时间顺序来分步规划，并且每过 2~3 年就根据自己当时的收入水平和家庭成员状况重新评估。

3. 按比例计提

我们要养成每年从收入中按固定比例计提资金的良好习惯。如果在某项投资中获得了较好的收益，也应有资产整体配置的意识，将一部分收益计提留余。

4. 建立专项账户，强制储蓄

懒得规划、不愿坚持、冲动消费、冒进投资是我们容易犯的错误。为克服人性的弱点，我们必须引入外部强制机制，通过建立专项账户，强制自己储蓄。

5. 确定增长

长期现金流规划的一个重要任务是保证基础资产、底线资产的安全性，保证资产的持续、正向增长。因此，我们最好以法定契约的形式确保其长期增长，并充分利用确定性长期复利的价值。

6. 生命等长

一个人的现金流需求是伴随其终身的，因此，长期现金流的规划应该与一个或多个家庭成员的生命等长。我们可以通过年金保险为一个人提供与其生命等长的现金流。

我们了解了长期现金流管理的原则之后，就会发现，年金保险具有长期确定性、复利增值性、强制储蓄等特点，非常匹配长期现金流管理，可以作为家庭理财规划的基础配置。

▶▶▶ 延伸阅读

现金流，就是在特定时段里现金收入和支出的情况。现金流是理财的"血液循环系统"，现金流的正常运转是家庭生活和谐幸福的重要保证。

人的一生中，现金收入较多的时间往往是有限的，大多数人集中在三四十年间，而现金支出大于现金收入的时间往往较长。因此，要在有限的现金收入时间内做好长期现金支出的准备——期限错配，成为多数家庭现金流管理的核心问题。

期限错配的解决之道在于，我们要在收入能力较好的时候，阶段性地通过留余、定向储蓄等方式，为未来收入能力下降后的长期现金支出做准备。

38 年金保险适合哪些人买?

小丽:你说气不气人,我弟弟在互联网大厂做程序员,每月挣钱不少,却是个"月光族"。他的信用卡、"花呗"欠了很多钱。昨天他还和我借钱,被我教训了一顿。你说像他这么花钱,成家以后可怎么办?

小博:你劝他买份年金保险吧。

小丽:他才 26 岁,适合买年金保险吗?年金保险不是对我们这些年龄较大的人更合适吗?

小博:这你就不懂了,你弟弟恰好属于适合购买年金保险的典型人群。

▶▶▶ **专业解析**

年金保险的特点是安全性高、收益稳健、规划周期长。根据这些特点可知,适合购买年金保险的有以下五类人群。

1.年轻的"月光族"

年轻人的冲动消费倾向较强。比如,他们在"双十一"买回来的东西,一直没机会用,最终被转移至垃圾桶;买东西就是买心情,有时为了缓解焦虑,有时为了奖励自己……为了买东西,他们能制造出千奇百怪的理由,总之就是"花在当下,不管未来"。环顾左右,"月光族"似乎还算好的,至少还能收支相抵,自给自足。比起他们,由于过度超前消费造成"卡债"压身、"啃老",甚至四处借钱的年轻人也是有的。

年金保险是一种可以改变这种生活状态的有效工具。

年轻人购买年金保险可以选择交费年限较长、每次交费金额较少的产品，量力而行，通过年金保险强制自己养成储蓄的习惯。年轻人采用这种聚沙成塔的方式，可以为自己存下一笔重要的资产。

2. 给孩子存钱的父母

父母为孩子未来的生活、教育准备资金，最看重的是资金的确定性。比如，父母为孩子准备的教育金，就是一笔不可取消、不可减少、不可延后的资金。父母用年金保险给孩子存钱，相当于用保险合同的形式对孩子做出承诺。

3. 财有余力的中年人

人到中年，财产有所累积，收支有所节余，还有一定的职业成长空间。这时，他们需要考虑的问题应该是合理配置资产，保证自己在未来有一个较为稳定的被动收入。

中年人的收入结构如果很单一，比如绝大部分来源于工资，会存在多种风险。短期而言，如果他们的健康出现问题，收入就会大幅下降；长期而言，随着年龄的增长，他们的体力、精力会有所下降，一旦主动收入减少，其生活品质就会受到影响。因此，这类人群应该优化家庭资产配置，逐步建立被动收入体系。建议每年拿出结余的一部分购买年金保险，为未来创造被动收入。

4. 高净值人士

高净值人士可以采用年金保险与终身寿险相结合的方式，实现资产隔离、财富保全、财富传承等目标。

5. 为养老生活做财务准备的中老年人

想要获得更高品质的养老生活，应该提前做好养老规划。年金保险的确定性、稳定性、长期性在养老规划中起到的作用是其他金融工具难以替代的。

年金保险是一种功能很多的金融工具，可以针对不同人群、不同状况进行个性化定制。当然，我们需要针对自己在不同阶段的具体需求进行规划，才能将年金保险的最大优势发挥出来。

▶▶▶ **延伸阅读**

"月光族"可以通过购买年金保险，达到资产积少成多的目的。如果担心一年下来收入结余有限，可以采用以下两种方式存下保费：第一种方式，把年交改为月交，这样每年交一大笔钱就变成了每月存一小笔钱；第二种方式，在年底发奖金的时候，一次性存下年交保费的一半，之后每月为交保费存的钱就可以减半。这两种方式，都能帮助"月光族"通过年金保险轻松存下钱。

39 给孩子买年金保险的五大用途是什么？

小丽：我自己的年金保险已经配置好了，是不是该考虑给孩子配置了？你不是说父母也要提前给孩子做好长期现金流储备吗？

小博：没错，孩子也是我们做长期资产规划时要关注的。但是在给孩子买年金保险前，我们应该先明确自己关注的重点在哪里，即准备将年金保险产生的现金流用在什么地方。

▶▶▶ **专业解析**

每个孩子都是父母的珍宝，父母从孩子诞生的那一天，就开始用所有的爱去呵护他（她），希望给他（她）一生的支持。很多父母都会为自己的孩子存一笔钱，但不同父母在储蓄时关注的重点各不相同。

下面我们来看看，父母在为孩子储蓄时关注的重点有哪些。

☐ 为孩子准备教育金
☐ 为孩子出国留学准备资金
☐ 为孩子建立专属资产
☐ 为孩子准备能够陪伴其一生的现金流
☐ 让孩子学会理财
☐ 让资产保值增值
☐ 固定给孩子存钱
☐ 给孩子一份爱的礼物，给他（她）长久的陪伴上面列出的应该是大多数父母在为孩子储蓄时关注的重点。身为父母的你，不妨也勾选一下，看看哪些是你关注的重点。

我们把父母为孩子储蓄的具体用途总结为以下五个方面，看看购买年金保险在其中能起到什么作用。

1. 为孩子准备教育金

我们在为孩子准备教育金时，主要面临的挑战是如何存下钱，并且在孩子需要用钱时，能够及时取出。

对于大多数家庭来说，孩子出生后的十几年，既是家庭收入上升的阶段，也是开支上升的阶段。房贷、车贷、日常生活费用、赡养父母支出等，都会影响我们为孩子制订的储蓄计划。而孩子未来的受教育时间是确定的，不可延后；无论是出国留学还是进行专项技能培养等，所需花费的资金都是不可减少的。

在为孩子准备教育金方面，年金保险最大的优势在于其确定性。父母可以通过保险合同确定保险金的返还时间，以便将其用于孩子不同阶段的教育。

2. 固定给孩子存钱

有些父母可能只是想固定给孩子存钱，目前还没有明确这笔钱的用途。但不少父母会发现，因为缺少规划，这笔钱很容易被挪用。

网上有一个段子："中国十大谎言之一：压岁钱爸妈帮你存着，等你长大了给你。"虽然这是戏谑之言，但这种情况确实存在。在没有规划的情况下，长辈给孩子的压岁钱很容易被父母挪作他用。从这个角度来说，"存下压岁钱"也是年金保险的用途之一。

3. 为孩子准备能够陪伴其一生的现金流

孩子未来要面对的竞争环境有很大的不确定性。孩子在20～40岁大概率要解决"房子、车子、妻子、孩子"这四大问题，体会"上有老，下有小"的压力。孩子若能靠自己的力量解决这些问题，当然非常理想。但未来不可知，假如孩子那时的压力很大，父母能助其一臂之力，岂不更好？因此，父母在经济条件允许的情况下，不妨用年金保险为孩子准备好能够陪伴其一生的现金流。

每个孩子都是一本精彩、独特的书，而父母给孩子的年金保单，是一枚金色书签。这枚金色书签将无声地、比父母更长久地陪伴孩子成长，支持、见证他每个阶段的人生。

4. 帮助孩子建立良好的理财观念和理财习惯

父母给孩子存年金保险的过程可以建立一种仪式感。孩子在二三十年后仍然可以看到保单上父母的签名，感受到父母的爱；每一期保费的交纳，都在提醒父母，他们正在为孩子的未来精心规划，他们的每一份辛劳都对应着一份希望；每年返还的生存保险金，都让父母和孩子一起体会积少成多、量入为出、目标规划、延迟满足等带来的好处，这对孩子建立良好的理财观念和理财习惯起到了很好的作用。

5. 为孩子建立专属资产

有些父母会考虑用年金保险为孩子建立一笔专属资产。比如，某些离异家庭中没有获得孩子抚养权的一方，可能会为孩子购买一份年金保险，既表达了对孩子的关爱，也对一部分个人资产做了清晰的产权分配。

在为孩子储蓄方面，年金保险有其独特的优势。在家庭资产配置中，父母可以拿出一部分资产，为孩子购买一份适合他（她）的年金保险。

▶▶▶ **延伸阅读**

为孩子投保的相关规则如下：

由于未成年人在法律上不具有完全民事行为能力，所以未成年人购买保险产品，需由未成年人的父母或法定监护人代为投保。

孩子出生满 28 天后，父母或法定监护人就可以为孩子投保了，投保时需提供被保险人（孩子）的身份证复印件或户口本复印件；3 岁以下的，可以提供出生证明复印件。

40 给孩子存钱，是买基金好还是买年金保险好？

小丽：昨天我去看望小彤，她的孩子刚出生 3 个月，很可爱。她和她老公商量，现在就拿出一笔钱给孩子存起来。我和她说可以买年金保险，但她老公听说买基金做长线投资赚得更多，想用这笔钱来投资基金。给孩子存钱，到底是买年金保险好，还是买基金做长线投资好呢？

小博：对于这个问题，我不能简单地回答你哪个好、哪个不好。咱们得先分析一下资产都有什么类别，以及各类资产分别有什么特性，再来说它们的好与不好。

▶▶▶ 专业解析

我们在为孩子存钱的时候，无不怀着深深的爱和对孩子未来的美好憧憬，所以选择用什么方式给孩子存钱，可以算是一个甜蜜的烦恼。

在做选择之前，我们先要对各类资产的特性有所了解。从大的类别来看，资产可以分成四类：房产、金融投资产品、现金、储蓄型保险。房产有其专属特性，其投资需要有专业顾问的帮助，我们在此不做过多探讨。其他三类都可以算作金融资产，我们在配置时需要关注它们各自的特点。

余额宝、微信零钱通等都属于灵活性较高的现金类金融产品，其收益率只比活期存款高一点。虽然现金类金融产品的灵活性较高，但不适合打理长期资产。

股票、基金等风险投资型金融产品虽然可能有比较高的收益，但也可能会产生本金亏损，甚至出现长期、大幅亏损的情况。客观来讲，大多数人很难有把握地通过股票、基金等金融产品长期获得比较好的收益。他们经常是刚在"牛市"赚了点钱，就在随之而来的"震荡市"中亏了本，长期而言是"赚过钱，但并没有赚到钱"。

另外，股票、基金等金融产品的收益具有较大的波动性和不确定性。当我们需要现金时，无法保证手中持有的股票、基金等资产正好处于收益的高点。由于这类资产的流动性强，目标性、可规划性弱，很少有人能够在投资这类资产时制订非常明确的退出计划。用股票、基金的盈利或分红来规划教育金或养老金的人更少，因为这些投资产品的盈利情况具有较大的不确定性，无法提供长期、稳定的现金流。

相比这些资产，年金保险的一大优势是，用年金保险所做的资产规划是具有确定性的。

比如，我们为孩子做的教育金规划，可能需要 10 ~ 15 年的准备期，以及持续 4 ~ 8 年的使用期，其确定性就显得尤为重要。

如果用基金为孩子存钱，我们可以每年拿出一部分资金，进行基金定投，通过长期投资，争取获得较高的收益。然而，由于基金的波动性较大，很少有人能长期坚持投资。

如果用年金保险为孩子存钱，我们可以利用年金保险的确定性，确保给孩子存下钱，从而按计划使用。

举个例子来说，一位母亲购买了某保险公司的某款教育年金保险产品。她以自己年龄不满 1 岁的儿子作为被保险人，每年交纳保费 10 万元，交费期 3 年，共交保费 30 万元。她的儿子从 18 岁开始，就可以每年领取 5 万元作为大学教育金，共领取 4 年；年满 22 岁时，保险合同终止，他还可以领取 45 万元满期金。他既可以将这笔钱作为继续教育的费用，也可以将其作为刚刚走入社会的生活费。从这份年金保险中，被保险人累计可领取保险金 65 万元，相关利益都写在保险合同中，是受到法律保护的。

在为孩子存钱时，我们可以通过配置年金保险，在一定程度上兼顾资金的安全性、确定性与增值性。

▶▶▶ 延伸阅读

配置资产无须"二选一"。配置资产时，我们不需要做顾此失彼的选择。在了解各种资产的特性后，我们完全可以根据自己的投资偏好和风险承受能力配置相应的资产。比如，在给孩子做储蓄规划时，我们无须在基金或年金保险中"二选一"，完全可以采取长短相结合的方式，将一部分资金配置为年金保险，以锁定未来的现金流；将另一部分资金配置为基金，以实现资产的增值。

41 如何用年金保险给孩子做终身规划？

小丽：给孩子买的年金保险，可能要伴随他终身，一定要规划好。

小博：确实，签了保险合同，很多条款内容就确定了，一般不能更改，特别是给孩子买的保险，可能要陪伴他很长一段时间，因此要非常谨慎。下面我就告诉你需要注意的细节。

▶▶▶ **专业解析**

孩子在成长的道路上会经历不同阶段，每个阶段面临的问题都不一样。下面这张图列出了一个人在不同人生阶段的主要需求与可能遇到的问题。

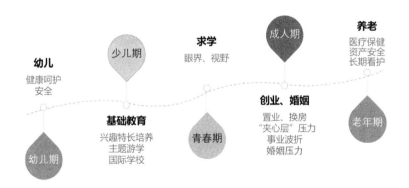

一个人在不同人生阶段的主要需求与可能遇到的问题

年金保险可以在孩子人生的每个阶段给他陪伴和支持，让父母对孩子的爱与牵挂延伸得更长。

给孩子配置年金保险有两种选择：第一种，具有终身保障功能的终身型年金保险；第二种，定期型年金保险附加万能账户，通过附加万能账户的方式实现终身型年金保险的保障功能。

终身型年金保险一般会在合同中约定被保险人在不同的年龄时可以从保单中获得的具体返还金额；定期型年金保险附加万能账户的组合产品，则有更多灵活规划的空间。

举个例子来说，一位母亲为 5 岁的女儿购买了某款定期型年金保险附加万能账户的组合产品。定期型年金保险产品的交费期为 5年，每年交纳保费 12 万元，共交保费 60 万元。保险责任是从交费之日起的第 5 年到第 7 年，每年返还被保险人 12 万元生存保险金，第 8 年保险期满时一次性返还 24.66 万元。所有返还的生存保险金在不领取的情况下将进入万能账户实现二次增值。万能账户保障至终身。

在这款保险组合产品中，从定期型年金保险进入万能账户的资金的领取方式可以被自由规划。比如，这位母亲可以在女儿 18 岁至 21 岁时，每年从万能账户中领取 6 万元，作为女儿的教育金，剩下的钱仍在万能账户中持续增值，需要时随时可以取用。如果家中经济条件较好，不需要拿这笔钱用于女儿的教育，也可以在女儿结婚时一次性领取 30 万元作为结婚费用，剩下的钱作为女儿的一笔婚前财产，继续留在万能账户中增值，相当于给女儿建立了一个专属"小金库"。

▶▶▶ **延伸阅读**

增额终身寿险是什么？

增额终身寿险虽然在分类上属于人寿保险，不属于年金保险的范畴，但也可以用来为孩子做储蓄规划。

增额终身寿险是一种保额可以不断增加的终身寿险，在一定期限之后，增额终身寿险保单的现金价值和身故保额会以固定利率进行复利增长，一直持续终身。

投保人可以通过降低保额的方式随时领取增额终身寿险保单中的现金价值，资金取用有一定的灵活性。

增额终身寿险除了提供身故保障，还有一大功能就是理财。增额终身寿险每年有固定的资金回报率，即保单现金价值每年都会累积增加，且这个资金回报率不会受到市场波动、经济环境变化的影响。

42 如何购买教育年金保险？

小丽：我给孩子买年金保险主要是为他存教育金，你能不能帮我看看买哪一种好？

小博：如果你买年金保险的主要目的是用于孩子的教育，我这里有个"三步走"策略，你可以听一听。

▶▶▶ **专业解析**

为孩子未来的教育储蓄资金，是很多父母给孩子买年金保险的重要目的之一。那么在制订具体方案、选择具体产品时，父母应该考虑哪些问题呢？

父母为孩子购买教育年金保险，可以按照以下三个步骤进行。

1. 明确需求

父母在为孩子未来的教育做现金流规划时，应首先确认规划的大致方向。不同家庭在孩子不同教育阶段的选择不尽相同，比如有些家庭会让孩子在小学阶段进入私立学校学习，有些家庭希望孩子在高等教育阶段出国留学。父母应该根据自己对孩子未来教育的规划，对孩子在不同教育阶段的刚性现金流支出做一个预估。在这一步，父母最好将相应阶段的通货膨胀因素，以及因继续教育需要而引起的教育费用上涨情况考虑进去。

我们以某个家庭为例，试算一下孩子在不同教育阶段所需的现金流（见下图）。

目标	小学		中学		大学	
	☑公立学校	□私立学校	□公立学校	☑私立学校	□公立学校	□私立学校
	□出国留学	□特殊路线	□出国留学	□特殊路线	☑出国留学	□特殊路线
对应现金流规划	小学		中学		大学	
刚性现金流	0 万元 × 6 年		15 万元 × 6 年		30 万元 × 4 年	

孩子在不同教育阶段所需的现金流

这个家庭对孩子的教育规划是让他在中学阶段接受私立学校的教育，大学阶段出国留学。相应预算是中学时每年教育费 15 万元，持续 6 年；大学时每年 30 万元，持续 4 年。这样算下来，孩子在各个教育阶段的刚性现金流需求就比较清晰了。

2. 确认来源

明确了孩子未来教育的刚性现金流需求，父母就可以对自己现有的资产进行梳理，确认手头有哪些资产，以及未来准备使用哪些资产解决哪个教育阶段的现金流问题。比如，是否有专门为孩子教育准备的房产，该房产未来是准备出售还是出租。另外，父母还要考虑未来经济发展趋势对资产的影响。比如，三四线城市的房产，未来是增值还是贬值；银行理财产品未来的收益如何；资产是否会因利率下降，造成未来增值速度不及预期。

下面有一张表，父母可以根据表中所列项目，对孩子未来教育的现金流来源做一个规划，并将现有负债和未来可能产生的负债考虑进去。

教育现金流来源规划

收入来源	已有资产	未来趋势 （资产增值或贬值、 收入上升或下降）	对应现金流	现有负债、 未来可能产生的负债
薪资收入				
公司分红／上市				
高收益投资（股票、基金）				
房产投资（房租+出售）				
安全理财（银行存款、国债等）				
年金保险				

如果父母通过上面这张表的梳理，能够确认已经对孩子未来的教育现金流有了足够的储备，并做了有针对性的资金拨备，那就只要定期检视规划，根据当时的实际情况做调整即可。如果父母发现孩子未来各阶段的教育现金流仍有缺口，则可以着手制订方案，选择适当的教育年金保险产品。

3. 制订方案，选择产品

这一步相对比较简单。在收益性方面，各家保险公司的教育年金保险产品差别不大。父母需要重点了解的是，在规划的时间段内，某款教育年金保险产品的资金返还是否与预期一致。建议父母先就自己的目标和需求与专业的保险顾问沟通，以提高选购效率和精准度。

教育现金流的规划是一项长期规划，父母须特别关注以下三点：

（1）薪资收入。有些家庭目前的资产可能不足以支撑孩子未来的教育所需，孩子的教育费用很大一部分要来自父母未来的薪资收入。因此，父母要预测自己所从事的工作与行业在未来 10 ~ 15 年的变化趋势。比如，自己在未来的职场竞争力如何、薪资收入是否可持续上升等，并以此为基础预估自己的强制储蓄额度、持续交费能力等。同时，要做好保障型保险的配置，使教育现金流规划目标在风险发生时仍然可以实现。

（2）现有负债及未来可能产生的负债。比如，家中是否还有房贷、未来是否有可能背负房贷，等等。

（3）投资收益的确定性。教育现金流可以来源于多种资产。由于教育现金流要求有非常强的确定性，所以父母对各项投资产品的投资收益，应尽量做保守的预期，以便投资收益能够满足对教育现金流的需求。

▶▶▶ 延伸阅读

2023 年 5 月，新东方教育科技集团发布了《2023 中国留学白皮书》，内容涵盖中国留学生现状、各国留学数据解读及规划、留学考试指导等。根据白皮书披露的数据可知：

（1）意向出国就读本科及以下的人群年龄主要分布在 15~21 岁，17 岁及以下意向出国留学的人数呈上升趋势。从意向留学人群就读阶段来看，72% 的意向留学人群目前就读于高中及本科阶段。其中，本科人群占比最高，达到 55%。

（2）我国意向留学家庭的平均年收入为 43.5 万元，平均留学费用预算为 50.7 万元。

（3）在意向就读本科及以下阶段的留学人群眼中，美国、英国和加拿大仍然是较热门的留学意向国家。同时，日本和新加坡等国家，近 5 年来占比持续攀升，成为本科及以下意向留学人群的重点考虑方向。

43 给孩子买年金保险要加保费豁免功能吗？

小博：对了，你在给孩子买年金保险时，记得为这份保险合同加上"投保人保费豁免"功能。

小丽：这个功能是干什么用的？是不用交保费了吗？那保障会不会也缩水了？

小博：这项功能对于为孩子买保险来说非常有用。我来给你详细解释一下。

▶▶▶ **专业解析**

给孩子买年金保险时，如果交费期比较长，应该为保单增加"投保人保费豁免"功能。

所谓"保费豁免"，是指在保险合同规定的交费期内，投保人或被保险人达到某些特定的情况（如身故、残疾、重疾或轻度重疾等）后，投保人可以不再交纳后续保费，保险合同仍然有效。

"保费豁免"分为"投保人豁免"和"被保险人豁免"两种。"投保人豁免"指的是在交费期内，如果投保人出现特定风险，就不用交纳余期保费的约定。"被保险人豁免"指的是在交费期内，如果被保险人出现特定风险，就不用交纳余期保费的约定。

保费豁免功能在各种类型的保险中都有，但为孩子投保时附加此功能的意义更大。需要强调的是，我们应附加"投保人保费豁免"功能，也就是交纳保费的人出现特定风险，后期保费不用继续交纳，保单继续有效。

在为孩子购买年金保险时，假设我们将交费期设定为 5 年、10 年，甚至 20 年，那么相当于我们以合同的形式，对保险公司做出了交费承诺。但在长期交费过程中，如果作为投保人的我们遭遇了某种不幸，比如身故、丧失了工作能力等，无法继续交纳保费，那么这份保单就有可能会失效。这不仅会导致我们已交纳的保费产生一定损失，还会彻底打乱我们为孩子所做的各项规划。在合同中增加"投保人保费豁免"功能，相当于让保险公司承担后续保费交纳的责任，而该保单中约定的保障并不会减少，即孩子仍然可以获得保单中已经规划好的现金流。

《中国保险报》公布的"2016 年中国保险年度影响力十大赔案"中有这样一个案例：

金先生一家人生活幸福美满。金先生与兄弟经营一家建筑公司，事业顺遂。谁知天有不测风云，2016 年某日，兄弟俩在与另外两位朋友驱车前往外地的途中发生车祸，汽车坠下山崖，四人当场身亡。

金先生生前在某保险公司投保过多份保险。其中，有一份保单是金先生生前为孩子投保的教育年金保险，年交保费 1.2 万元，15 年交清。金先生出险时，这份保单只交了 2 年保费。由于该保险产品自带保费豁免功能，保险公司根据保险合同约定，免除了这份保险在未来应交纳的保费共计 15.6 万元。在未来的成长路上，金先生的孩子仍然能够按期收到父亲当初给他规划的这笔教育金。对于孩子来说，这不仅是经济上的支持，更是精神上的鼓励。

一般来说，增加保费豁免功能需要额外交纳一笔保费。这笔保费的多少要视豁免的项目内容、被豁免人的年龄及身体健康状况而定。

　　那么，豁免项目都有哪些呢？典型的豁免项目有身故、残疾、重疾、轻度重疾等。一般而言，轻度重疾豁免保费需要交纳的保费最高，身故豁免保费需要交纳的保费最低。

　　这里要再次强调的是，给孩子买的年金保险，其交费期越长，越应该增加"投保人保费豁免"功能。

▶▶▶ 延伸阅读

　　一般来说，保费豁免功能将以附加险的方式体现，并增加相应的保费。如果保单增加了"投保人保费豁免"功能，则保险公司将在投保人出现合同中约定的保费豁免情况时免收保费。也就是说，在该保险合同中，投保人也成了保险公司的保障对象。

　　增加"投保人保费豁免"功能时，投保人年龄越大，保费越高。同时，保险公司对被豁免人，也就是投保人的健康状况也有相应的要求。比如，投保人有高血压、糖尿病等，保险公司可能会拒保或加费承保。

44 年轻人为什么要买年金保险?

小丽:上次我和我弟弟说,他是适合买年金保险的人,结果被他损了一通。他说我老了,所以天天想着怎么"保险",而他是年轻人,根本用不着买保险。他还反问我听说过几个年轻人买年金保险的。

小博:那你弟弟可是有所不知了。你可以告诉他,现在不少年轻人都买了年金保险,它的好处可多着呢。

小丽:那你和我说说年金保险对年轻人有什么好处,下次我要给他好好讲讲。

▶▶▶ **专业解析**

过去,很多年轻人对保险产品不太感兴趣;但现在,随着年轻人的理财观念和保险意识越来越强,除了买医疗保险、重大疾病保险,买年金保险的也越来越多。

现在的年轻人买年金保险的原因主要有以下三个。

1. 父母给了一笔钱,要好好打理

父母给子女提供资金,既不希望子女胡乱花掉,也不希望子女盲目投资亏掉。他们希望子女能好好打理这笔钱。子女如果已经具备一定的理财意识,就不难理解父母的苦心了。

年金保险本身非常安全,同时具备一定的增值性。除此以外,如果子女尚未结婚,可以用父母赠与的这笔钱购买年金保险,然后将其作为婚前财产规划的一部分。婚后，他（她）可以通过年金保险返还的生存保险金来支持家庭生活开支，而该年金保险的本金仍然保持着婚前个人财产的属性，可以实现和婚内财产的区隔。这样做的好处，本书后面的章节会有专门论述，这里就不详谈了。

2. 让自己存下钱

年轻人刚步入社会时，收入普遍不高，工作几年之后，收入虽有所提升，但在日常开支之外往往会多一些应酬支出，有时还会产生一些高消费。有些年轻人花钱大手大脚，虽然工资不低，却成了"月光族"。很多年轻人已经意识到这个问题，开始改变自己的理财观念，建立良好的理财习惯。

很多年轻人都制订过理财计划，比如每月存一点钱到银行，以求积少成多。然而，消费欲望总在不断冲击着他们的理财信念，挑战着他们的理财计划和初衷。结果几个月下来，理财计划只能不了了之。而那些下定决心理财，并买了年金保险的年轻人会发现，一张保单可以给自己一个存钱不能断档的理由：如果没有按计划续存保费，会遭受一定的损失；如果按计划完成，将收获"攒下一笔钱"的欣喜。年金保险就这样为年轻人实现了理财的"小目标"。

3. 提前为养老做准备

很多年轻人从 30 多岁开始买年金保险，是为了给自己未来的养老生活提前做准备。如今，年轻人的独立观念非常强，但他们同时也意识到，潇洒的人生要以经济基础为后盾，因此必须对未来做出规划。

目前这一代年轻人中，独生子女居多，他们除了要规划自己未来的养老生活，还要承担赡养父母的责任，这使他们的危机意识和紧迫感更强了。年金保险既可以帮助他们养成存钱的习惯，又以简单的方式为他们做了长远安排，是他们非常明智的选择。

▶▶▶ 延伸阅读

元保集团与清华大学五道口金融学院中国保险与养老金研究中心联合发布的《2022 年中国互联网保险消费者洞察报告》显示，"80 后"在保险上花费更多，其中 75% 的以"80 后"为主的家庭年度保险花费超过 5000 元。该报告中的统计数据还显示，"80 后"更倾向于在互联网上购买保险。

下图为各年龄段家庭年保费 5000 元以上占比及各年龄段线上购险渠道分布。

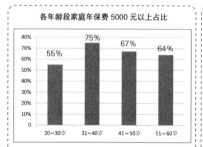

各年龄段家庭年保费 5000 元以上占比及各年龄段线上购险渠道分布

45 如何用年金保险管理拆迁户的财产？

　　小丽：你知道吗，我们公司新来的同事小薇居然开着豪车来上班。我刚知道，原来她家拆迁时获得了多套房产和几百万元现金。听说她父亲不让她在家待着，怕她因为家里有钱就不思进取，让她上班自食其力，体会生活的不易。

　　小博：小薇的父亲这样做也是为她好。不过，小薇的父亲仅仅靠把钱攥在自己手里，从而不让女儿挥霍未必是最好的办法。

　　小丽：还有什么好办法吗？

　　小博：我先给你讲个真实的案例吧。

▶▶▶ 专业解析

　　娟娟今年 31 岁，父母几年前在拆迁时获得了多套房产和巨额拆迁补偿款。小康是娟娟的丈夫，两人结婚三年还没有孩子。

　　娟娟的父母并没有给娟娟夫妇太多财产，娟娟夫妇的住房也在娟娟的父母名下。小康因为家庭条件不是很好，经常要接济自己的父母、弟弟。时间长了，娟娟开始不耐烦起来，经常数落小康，娟娟的父母对小康也颇有微词。因为娟娟脾气大，小康敢怒而不敢言。

　　2021 年底，娟娟的父母在开车旅游途中不幸发生车祸，双双离世，娟娟作为独生子女，继承了父母的全部遗产。因事发突然，娟娟父母去世时没有留下遗嘱。

2022 年 9 月，小康突然提出离婚。虽然娟娟很不情愿，但小康坚持离婚，为此二人还对簿公堂。经过法院二审判决，判定家庭财产总额的 60% 归娟娟所有，40% 归小康所有，而家庭财产中的大部分，都来源于娟娟父母过世时留下的遗产。

法院的判决有明确的法律依据。《民法典》婚姻家庭编规定，夫妻在婚姻关系存续期间继承或者受赠的财产，除非遗嘱或者赠与合同中明确指定只归一方所有，否则属于夫妻共同财产。在本案中，娟娟父母留下的所有财产都属于夫妻共同财产，在离婚时应予以分割。

在这个案例中，娟娟父母的想法是，自家的财产要放在自己名下，不想生前就传给女儿，也不想被女婿分走。但天有不测风云，娟娟的父母想不到自己会在 50 多岁就双双离世。他们更想不到，因为没有做适当的安排，身后留下的全部财产，会因为法定继承而成为娟娟夫妇的共同财产，之后又因为娟娟婚姻破裂，被女婿分走了许多。

可见，我们在拥有一定财富后，应该主动做一些财富传承的基本规划。订立遗嘱是最常见的财富传承方式之一，但很多人对年纪轻轻就订立遗嘱有些忌讳，认为可以等年纪大一点再订立，这种心情可以理解。

对此，我们完全可以使用年金保险这种金融工具，很好地解决一部分财富传承的问题。比如，娟娟的父母就可以使用年金保险将家庭资产中的一部分现金资产做出妥善规划。

娟娟的父母可以分别作为投保人和被保险人，购买大额年金保险，并将保单的身故受益人指定为娟娟。在这种保单架构下，保单的生存保险金属于被保险人，也就是娟娟的父母，可以被用于他们的养老生活。如果被保险人身故，保险的身故保险金将是娟娟的个人财产，不会作为娟娟婚内继承的遗产而成为夫妻共同财产。

如果娟娟的父母考虑得再全面一些，比如担心身故保险金在娟娟未来的生活中与她的婚内财产混同，还可以把保单对接保险金信托。保险金信托以被保险人身故为成立条件，娟娟的父母可以让娟娟作为保险金信托的受益人享受信托收益，进一步确保这笔财产是专属于娟娟的。关于保险金信托，本书后面的章节会有专门解读。

娟娟的父母以年金保险为娟娟做出资产规划有以下四个优势：

（1）不但可以保证保单本金的安全，而且保单产生的现金流还可以助力娟娟父母的养老生活。

（2）娟娟的父母可以一直掌控这部分财产。

（3）娟娟的父母百年之后，该年金保单产生的身故保险金不需要经过复杂的遗产继承手续，就可以被直接赔付给娟娟或娟娟父母生前所设立的保险金信托。这种财富传承方式既安全又无争议，还能保护隐私。

（4）即使不设立保险金信托，该年金保单的身故保险金也属于受益人娟娟的个人财产，不会和她的婚内财产混同。

当然，娟娟的父母除了可以自己做被保险人，也可以让娟娟做被保险人。

无论选择哪种方案，娟娟的父母都可以使用年金保险在做好自己的养老金规划的同时，很自然地达成传承目标，并且将财产控制权牢牢掌握在自己手中。

拆迁户群体因为获得财富的方式特殊，有一些自己的特点。在《保险精准营销》这本书中，作者分析了拆迁户群体的四个特点：资产量大、容易出现报复性消费行为、缺乏资产管理能力、关心子女婚姻和财富传承。

这四个特点中的前三个，也是拆迁户群体普遍面临的风险。年金保险的强制储蓄、专属规划、保值增值等功能，可以很好地解决拆迁户群体面临的风险。

46 为什么民营企业主更需要关注家企资产隔离？

小丽：我看新闻得知，我之前工作过的一家公司的老板被逮捕了，听说被判了 5 年有期徒刑，罪名是"非法吸收公众存款"。

小博：这样的话，那家公司的运营肯定会受到影响，你前老板家人的生活估计也会遇到很大困难。

小丽：是啊，他的女儿本来在英国留学，听说现在因为交不起学费回国了。

小博：经营企业会遇到各种风险，因为企业的经营风险而牵涉家庭财产的，大多是没有做好家企资产隔离。

▶▶▶ **专业解析**

改革开放以来，我国民营企业逐步发展壮大，成为我国经济的重要组成部分。一些民营企业主在企业快速成长的过程中，忽略了企业经营管理中可能出现的问题，比如家企不分、家企难分等，这让他们的家企财富面临着多重风险。

被民营企业主忽略的家企财富风险通常来自以下四个方面。

1. 用个人账户收取企业账款

对于很多用现金方式收取企业账款，或者收取企业账款不需要开具发票的企业，用个人账户收取企业账款是常见现象，但这种做法会直接导致家企财产混同。在企业出现债务危机时，债权人能轻易突破有限责任公司对股东个人财产的保护，要求股东用个人财产承担连带责任。

同时，用个人账户收取企业账款，还可能要承担刑事责任。这种做法相当于股东将原本属于企业的财产收入个人名下，可能导致当事人触犯《中华人民共和国刑法》中的"职务侵占罪"。

用个人账户收取企业账款的另一个重要动机就是"避税"，实质上是偷税、逃税。偷税、逃税的行为一旦被发现，情节较轻的需补缴税款并缴纳罚款及滞纳金，情节严重的将被追究刑事责任。

2. 以个人财产或以夫妻共同财产为企业债务承担连带担保责任

有些企业主为了使企业发展壮大，将个人财产用于企业经营，或用个人财产为企业债务提供债务担保。比如，民营企业向金融机构贷款融资时，金融机构往往会要求企业大股东或实际控制人及其配偶承担连带担保责任。

如果发生企业债务无法偿还的情况，实际控制人的个人财产和夫妻双方共同财产往往会被用来偿还债务。

3. 在企业融资过程中签署"对赌协议"

在企业融资的过程中，投资人经常会要求企业股东签署业绩"对赌协议"。如果业绩增长未达到合同中的约定，或者企业没有在合同约定的某个时间点上市，则股东需要以高于投资人投资本金的某个溢价回购投资人的股份，且回购需要以股东个人财产或家庭资产作为担保。当企业出现经营风险时，这种回购条款往往会成为吞噬企业主家庭资产的巨大黑洞。

4. 吸收民间资金

民营企业主向亲友借贷是常见现象，但这类借贷行为如果处理不当就会出现以下两个问题：

（1）利息过高，造成还款成本高。因为民营企业主向亲友借贷是自然人之间的借贷行为，当企业偿还不了借款时，民营企业主自然要用个人财产或夫妻共同财产清偿债务。

（2）有些民营企业主在借款时不但承诺高收益，还通过亲戚朋友的推荐，向他们身边的人借款，这样很容易在不知不觉中触犯"非法吸收公众存款罪"。

北京师范大学中国企业家犯罪预防研究中心发布的《2019—2020企业家刑事风险分析报告》显示，2020年民营企业家犯罪频次共计3001次，涉及37个具体罪名，其中非法吸收公众存款罪触犯频次为645次，占比为21.49%，在民营企业家所涉及的罪名中排名第一。

企业经营存在各种风险，用年金保险进行资产隔离的目的，正是用简单可行的方法在一定程度上防范这些风险。

相对有效的解决方案是，我们在企业经营状况良好、家庭财富积累丰厚的时候，将一部分资产独立于家庭资产之外，并使用年金保险建立一个安全的资金蓄水池。

如果我们投保的年金保单需要规避企业经营风险，在设计年金保单的架构时，尽量不要让夫妻双方互相做投保人、被保险人，可以考虑让子女做被保险人。更有效的保护则是由我们的父母或者子女做投保人，这样可以更好地达到家庭资产与企业资产的安全隔离。

　　根据《2019—2020 企业家刑事风险分析报告》披露的数据可知，2020 年企业家犯罪案例中触犯频次最高的十个罪名分别是：非法吸收公众存款罪、职务侵占罪、拒不支付劳动报酬罪、虚开增值税专用发票罪、合同诈骗罪、挪用资金罪、集资诈骗罪、非法经营罪、污染环境罪和重大责任事故罪。

47 高净值家庭会面临哪些风险?

小丽:我的前老板一进监狱,他的公司就停摆了。他太太10年前就做全职太太了,这下家庭经济支柱没了,还有两个孩子要带。而且我听说,他家还欠了不少债,他太太正在卖房子还债呢。

小博:像他们这种高净值家庭,表面上看来事事如意,人人羡慕,其实暗藏不少风险。他们应该有风险意识,早做准备,这样在风险来临时,才能有更强的抗打击能力。

小丽:他们都会有哪些风险呢?

小博:你前老板家的情况我不清楚,我给你举一个其他家庭的例子吧。

▶▶▶ 专业解析

安女士今年42岁,她的丈夫是一家公司的董事长。安女士和丈夫有两个孩子,丈夫主要将精力放在公司事务上,安女士则负责照顾家庭和孩子。安女士的家庭资产价值几亿元,其中在安女士名下的5套房产,总价值超过1亿元。平日里,安女士负责打理一些金融资产。家中现金资产大约为500万元,其他金融资产大约为4000万元。前几年,安女士主要把金融资产投资到集合信托产品中,年收益率曾经在10%以上。但这两年安女士感觉信托产品也不太安全了,手中持有的一款产品还遇到了风险事件,暂时被"套"。

安女士家庭的基本生活费每年为 60 多万元，孩子的教育支出目前为 80 多万元，其他支出算在一起，每年家庭支出总额在 200 万元左右。

安女士的家庭无疑属于高净值家庭，不过，她虽然生活幸福美满，但也面临着以下四个风险。

1. 家庭经济支柱的人身风险

高净值家庭的日常开销大。以安女士的家庭为例，要让孩子接受更好的教育，要让家庭生活品质维持高水平，要给双方老人提供优质的养老生活，有时还要为家族其他成员提供经济支持。目前支撑家庭经济的主要是安女士的丈夫，家庭开支中的很大一部分现金流来自他。作为家庭经济支柱的丈夫一旦发生风险（如重病、失能甚至死亡），这个家庭的经济状况会立刻发生改变。

2. 家庭债务风险

企业家在经营企业过程中时常会遇到企业资产与家庭资产混同的问题，比如使用个人账户收取企业账款等。更常见的情况是，债权人要求企业大股东对企业债务承担连带担保责任，或者在融资过程中，投资人要求股东签署业绩"对赌协议"，并要求股东在对赌失败的情况下以家庭资产回购股份。无论出现哪种情况，家庭资产都容易被企业经营中的债务风险侵蚀。

3. 企业经营风险

企业在经营过程中会面临各种风险，比如企业资产大幅下降，企业债务需要提前清偿等，有时可能会因此陷入困境。企业家的家庭收入、家庭资产积累与企业的经营状况息息相关。很多企业家的主要资产在相当长的时间里都集中于企业资产内，无法有效剥离，即企业经营的状况会直接影响家庭经济的状况。

4. 婚姻风险

近年来，我国离婚率有所上升，夫妻感情面临更多挑战。当出现婚姻风险时，以照顾家庭为主的女方大多处于弱势地位，女方可能面临失去主要收入、离婚时在家庭财产分配过程中吃亏、感情遭受打击等多重伤害。

从安女士的角度讲，她可以通过保险规划来守护家庭幸福。

在基础保障方面，安女士早已做了安排，她为全家购买了重疾险、意外险、医疗险等。

安女士也在积极了解年金保险。在这方面，她重点考虑的是为家庭规划安全、稳定的基础现金流。

在本金较多的情况下，我们不需要很高的收益率，就能创造出较多的现金流。比如，我们把 5000 万元本金以安全的方式打理，以目前的状况，在财富管理机构的运营下，每年获得 4% 的安全收益是可以达成的。即使采用安全级别更高的投资方式，长期来看，每年获得 3.5% 的收益也是可期的。以年收益率 3.5% 计算，5000 万元本金的年收益是 165 万元，基本上可以让一个家庭维持较高的生活水平。

目前，年金保险产品可以在安全稳健的前提下，长期获得 3% 以上的收益。我们还可以选择浮动收益型的年金保险产品，锁定 2% 左右的保底收益，在此基础上预期可以达到 3.5%～4.5% 的长期收益率。

安女士最终选择购买一份总保费为 2500 万元的年金保险，保费分 3 年交清。这份保单预期的收益率是年化 4%，可以每年为家庭创造 100 万元左右的现金流，且这笔现金流能够伴随被保险人终身。即使以后利率持续下行，甚至进入负利率时代，安女士的家庭仍然可以基本保证每年获得 100 万元的基础现金流。它不会减少，也不会中断。可以说，这份保险为安女士的家庭财富提供了一个牢固的"保险箱"。

▶▶▶ 延伸阅读

夫妻一方在配偶不知情的情况下的借款是否属于夫妻共同债务？

这要视借款用途而定，《民法典》对此规定如下：

第一千零六十四条　夫妻双方共同签名或者夫妻一方事后追认等共同意思表示所负的债务，以及夫妻一方在婚姻关系存续期间以个人名义为家庭日常生活需要所负的债务，属于夫妻共同债务。

夫妻一方在婚姻关系存续期间以个人名义超出家庭日常生活需要所负的债务，不属于夫妻共同债务；但是，债权人能够证明该债务用于夫妻共同生活、共同生产经营或者基于夫妻双方共同意思表示的除外。

48 子女结婚，为什么资助现金不如给他买年金保险？

小丽：我爸的同事王叔叔有个独生女，名叫小芳。小芳结婚的时候，王叔叔给了她500万元现金做嫁妆。可是不到两年时间，小两口大吵一架，一气之下就离婚了。结果小芳陪嫁的500万元，按婚内共同财产被丈夫分走了一半，这把王叔叔气得心脏病都犯了。

小博：王叔叔在给女儿嫁妆钱的时候，有点欠考虑了。如果他不是直接给现金，而是用年金保险的方式来给女儿钱，就算女儿离婚，这笔钱也不会被分走的。

小丽：还能这么操作？那为什么这么做，父母给的财产就不会在离婚时被分走了呢？

▶▶▶ **专业解析**

父母都希望子女未来的生活幸福快乐，如果有条件，也会在子女长大成人以后，特别是准备组建家庭时，给予一些经济方面的支持。

子女结婚时，很多父母会直接赠与现金。这种方法虽然简单方便，但劣势也很明显，可能引发以下三个问题：

第一，这笔现金属于夫妻共同财产。如果父母在子女婚后赠与现金，又没有指定只赠与子女本人、不包含其配偶，那么这笔现金就属于夫妻共同财产。一旦发生婚变，这笔现金就要按照法律规定进行财产分割。

第二，这笔现金可能会与婚内共同财产发生混同。如果父母在子女婚前赠与现金，根据《民法典》婚姻家庭编的规定，夫妻一方的婚前财产为夫妻一方的个人财产，即这部分现金属于夫妻一方的个人财产。但是，婚前属于个人的现金在婚后很难完全不被动用，而一旦现金账户在婚后有收入、支出，账户中的资产就非常容易与婚内共同财产发生混同。如果夫妻一方说不清楚哪部分是婚前财产，哪部分是婚后财产，这笔现金很有可能会被认定为夫妻共同财产。

第三，这笔现金容易被挥霍一空。得到父母赠与的现金后，子女有可能花钱大手大脚，很快就把钱挥霍一空了。

那么，子女结婚前父母如何提供财富支持更为妥当呢？我们建议，一部分财产的赠与可以采用年金保险的形式。

给子女买年金保险和直接给子女现金的最大不同之处在于，给子女购买的年金保险其实是一份有权属规划的财产赠与合同。

假设王叔叔为小芳投保年金保险，那么王叔叔要在保险合同中明确保单的投保人、被保险人、受益人。典型的保单架构是：王叔叔做投保人，小芳做被保险人，王叔叔做身故受益人。这样的设定，非常自然地在小芳婚前明确了这笔财产的归属权。

投保人拥有保单资产的所有权。王叔叔做投保人，就意味着保单的财产所有权属于王叔叔。即使小芳结婚，财产所有权也不会发生改变。即使小芳发生婚变，保单资产也不会被分割。

小芳是被保险人，同时也是生存保险金的生存受益人。保单持续返还的生存保险金可以为小芳提供一部分日常生活所需的现金流。但小芳能支配的只有每年返还的这部分生存保险金，相当于小芳只能取息，不能动用本金。如果小芳暂时不需要使用这笔生存保险金，可以将其放在保单资产中，由保险公司代管，保险公司会给付利息。

保单的身故受益人是王叔叔。在保单有效期内，如果小芳不幸身故，大额保单资产会以身故保险金的形式回流到王叔叔手中。

王叔叔在小芳结婚之前为她投保年金保险，还可以采用另一种保单架构：小芳做投保人和被保险人，王叔叔做身故受益人。

在这种情况下，小芳作为投保人，拥有保单的财产所有权。另外，保单是她在婚前购买的，所以保单资产非常明确地属于她婚前的个人财产，而且在婚姻存续期间不会与她的婚内共同财产混同。

不过需要注意的是，小芳应尽量在结婚之前交完这份保单的保费。如果小芳在婚后仍需交费，又想明确这份保单的个人财产权属，就要使用自己的婚前个人财产交纳续期保费。

投保年金保险是一种简单、明晰地给子女规划一笔长期专属资产的方法，既可以防止子女一次性花掉，又对子女的婚前财产做了保护和规划。

▶▶▶ 延伸阅读

婚姻中的财产混同是指婚前的个人财产和婚后的共同财产混合在一起，分不清哪些属于婚前个人财产，哪些属于婚后共同财产。

最容易发生婚内财产混同的财产类型是银行存款。

比如，女方婚前有 50 万元存款，存在自己名下的银行账户里。结婚后，夫妻双方的工资收入都存放在这个账户里，家庭日常开支、买车消费、房贷还款也都从这个账户支出。5年后，双方离婚。假设此时这个账户的余额为40万元，那么这40万元中有多少属于女方的婚前个人财产，有多少属于婚后共同财产，是很难分清的，这就产生了婚前个人财产与婚后共同财产的混同。

49 年金保险的身故保险金是子女的夫妻共同财产吗?

小丽：有一个问题我想向你请教。我公公买了一份年金保险，身故受益人指定的是我老公。如果我公公身故了，我老公拿到的这笔身故保险金，算不算我们夫妻的共同财产呢？

小博：如果出现你说的这种情况，这笔身故保险金应该是属于你老公的个人财产。

小丽：这是为什么啊？我们是两口子，为什么我公公留下的钱没有我的份？

小博：我们来看看法律是怎么规定的。

▶▶▶ **专业解析**

父母投保人身保险，如果身故受益人是子女，保险事故发生后，子女拿到的身故保险金，是子女的夫妻共同财产还是其婚内个人财产呢？《民法典》对此没有明确规定。实务中，我们大多以最高人民法院发布的《第八次全国法院民事商事审判工作会议（民事部分）纪要》中的第五条作为判断依据：

婚姻关系存续期间，夫妻一方作为被保险人依据意外伤害保险合同、健康保险合同获得的具有人身性质的保险金，或者夫妻一方作为受益人依据以死亡为给付条件的人寿保险合同获得的保险金，宜认定为个人财产，但双方另有约定的除外。

依据上述法条，婚姻关系存续期间，在没有特殊约定的情况下，夫妻一方作为受益人，依据以死亡为给付条件的人寿保险合同获得的保险金，宜认定为个人财产。可见，小丽老公将来获得的身故保险金，应属于他的个人财产，与小丽无关。

需要注意的是，在以下三种情况下，身故保险金会成为被保险人的遗产：第一，没有指定受益人，或受益人无法确定；第二，受益人比被保险人先死亡，又没有其他受益人；第三，受益人丧失或放弃受益权，又没有其他受益人。有关身故保险金是否会成为被保险人的遗产这个问题的详细解析，大家可以参看《保险常识100问》一书第36节的相关内容。

▶▶▶ 延伸阅读

身故受益人一栏如果没有填写具体的名字，而是写了"法定"或"法定继承人"，身故保险金会不会成为被保险人的遗产呢？不会。这时，这笔身故保险金将由被保险人的法定继承人平均分配。另外，法定继承人获得的这笔保险金，属于法定继承人的婚内个人财产，不属于其夫妻共同财产。根据《民法典》第一千一百二十七条的规定，第一顺序继承人为配偶、子女、父母，第二顺序继承人为兄弟姐妹、祖父母、外祖父母。

50 夫妻离婚，给自己买的年金保单是否会被分割?

小丽：如果说我老公将来获得的他父亲的身故保险金属于他的个人财产，那么我给自己买的年金保单，是不是也属于我的个人财产? 万一我老公以后非要和我离婚，这份保单是不是不会被分割?

小博：哈哈，你想得太多啦。不过这个问题我们可以从理论上探讨一下。

▶▶▶ 专业解析

如果夫妻离婚，夫妻一方给自己买的年金保单是否会被分割呢? 我们来分析一下现实中较常见的四种情况。

第一种情况，夫妻一方在婚前投保，并已交完保费。

这份年金保单将被视为投保一方的婚前财产，离婚时不予分割。

第二种情况，夫妻一方在婚前投保，婚后用夫妻共同财产交纳续期保费。

离婚时，对于以夫妻共同财产交费的部分，投保的一方须将其对应的保单现金价值的一半分割给另一方。

第三种情况，夫妻一方在婚后用夫妻共同财产投保并交纳续期保费。

在这种情况下，离婚时保单是要进行分割的。分割的具体方式参照《第八次全国法院民事商事审判工作会议（民事部分）纪要》

第四条：

　　婚姻关系存续期间以夫妻共同财产投保，投保人和被保险人同为夫妻一方，离婚时处于保险期内，投保人不愿意继续投保的，保险人退还的保险单现金价值部分应按照夫妻共同财产处理；离婚时投保人选择继续投保的，投保人应当支付保险单现金价值的一半给另一方。

　　第四种情况，夫妻一方在婚后投保，但所交保费均来自婚内个人财产。

　　这份保单属于投保一方的婚内个人财产，离婚时不予分割。一般来说，以下财产都属于夫妻一方的婚内个人财产：婚前个人财产（如现金、售卖婚前房产所得收入等），婚内获得的人身保险金（如重疾险理赔金等），父母在子女婚内明确赠与子女个人的现金，父母的身故保险金，其他人明确赠与夫妻一方的财产，等等。

　　需要注意的是，遗嘱或者赠与合同未明确指定由夫妻一方继承或者受赠的财产为夫妻共同财产。

　　我们对上述四种情况做个归纳（见下表）。

离婚时保单分割情况分析

四种情况	投保及交纳保费情况	保单分割情况
情况一	婚前投保并已交完保费	不分割
情况二	婚前投保，婚后用夫妻共同财产交纳续期保费	需分割以共同财产交费的部分

四种情况	投保及交纳保费情况	保单分割情况
情况三	婚后用夫妻共同财产投保并交纳续期保费	分割
情况四	婚后用婚内个人财产投保并交纳续期保费	不分割

有些人在配偶不知情的情况下买了年金保险，并且在做离婚财产分割时，故意隐瞒这份保单的存在。如果办理完财产分割和离婚手续后，配偶才发现有这样一份保单，还能要求分割吗？我们来看下面这个案例。

宋某与陈某于 2005 年 1 月登记结婚，2013 年 8 月办理了离婚手续。后来，宋某偶然得知陈某曾买过一份年金保险，离婚时未进行分割。

2009 年 2 月，陈某自己作为投保人、被保险人，与某保险公司签订了一份年金保险合同。合同中设定身故受益人为宋某，交费期为 5 年，每年交纳保费 15 487.5 元。离婚后，宋某才得知有这份保单的存在。他多次与陈某协商，要求分割这份保单，却遭到陈某的拒绝。2017 年 5 月，陈某将这份保险合同解除，保险公司将保单的现金价值 54 878.65 元退还至陈某的个人账户。宋某多次与陈某协商分割这笔财产无果后，诉至法院，要求将这笔财产认定为自己和陈某的夫妻共同财产，并进行分割。

法院认为，离婚后，一方以尚有夫妻共同财产未处理为由起诉要求分割的，依法应予处理。经法院审查，陈某购买的年金保险确属离婚时未涉及的夫妻共同财产，应当依法予以分割。法院最终判决，被告陈某在婚姻关系存续期间签订保险合同并交纳保费，现合同终止，退回的保单现金价值 54 878.65 元属于宋某与陈某的共同财产，应予分割，宋某与陈某各享有该保单现金价值的 50%。

掌握了年金保单在财产权属方面的知识，我们就可以更好地为自己和子女做好婚姻财产规划了。

▶▶▶ 延伸阅读

下面是一则关于保险的冷知识。

假设一份保单中，丈夫是投保人，妻子是被保险人，保单的受益人只约定为"配偶"，没有写明配偶的姓名，那么即使被保险人在离婚后身故，身故保险金仍然归前夫所有。

其法律依据为《最高人民法院关于适用〈中华人民共和国保险法〉若干问题的解释（三）》第九条：

当事人对保险合同约定的受益人存在争议，除投保人、被保险人在保险合同之外另有约定外，按以下情形分别处理：

…………

（二）受益人仅约定为身份关系，投保人与被保险人为同一主体的，根据保险事故发生时与被保险人的身份关系确定受益人；投保人与被保险人为不同主体的，根据保险合同成立时与被保险人的身份关系确定受益人；

…………

51 夫妻离婚，给孩子买的年金保单是否会被分割？

小丽：听你这么一说，离婚之后做保单分割真是一件麻烦的事。如果我离婚了，那我给儿子买的年金保单，是不是也要作为夫妻共同财产被分割呢？

小博：我的意见是，能不离最好不离，能不分最好不分。

小丽：你说话真是不得罪人啊！我只是假设而已。如果有人在离婚时坚持要分割保单呢？

小博：即使一方坚持要分割保单，也未必就能分成。我给你说说法院一般是怎么判定的吧。

▶▶▶ 专业解析

父母给孩子买的年金保险蕴含着父母对孩子的爱与美好期望。大多数即将离婚的父母都会通过协商，妥善处理这份专属于孩子的资产。

假如为孩子购买的年金保单约定夫妻一方作为投保人，而夫妻离婚时已商定好由另一方交纳保费，那么可以变更保单的投保人，后续保费将由新的投保人交纳，保险合同的效力不变。这是比较简便易行的处理方法。

但是，如果离婚时夫妻双方对给孩子买的年金保险的财产权产生争议，一方提出要把保单作为夫妻共同财产进行分割，法院会支持吗？

如果为孩子购买的年金保险的投保人是夫妻一方，且保费来自这一方的婚内个人财产，这份保单是不会被分割的。本书第 50 节中，对哪些财产属于婚内个人财产有较为详细的介绍，大家可以参考。需要注意的是，在离婚诉讼中，一方主张某部分财产属于婚内个人财产，须提供充分的证据。但一般来说，提供这类证据的难度较大。

如果夫妻在婚姻存续期间以夫妻共同财产为子女购买了年金保险，离婚时这份保单是否会被分割呢？

就保单属性而言，投保人拥有保单的所有权，有权解除保险合同（退保），以获得保单的现金价值。有一种观点认为，以夫妻共同财产投保的保单，属于夫妻共同财产，如果退保，则夫妻双方应分割退保所获得的保单现金价值；如果不退保，作为投保人的夫妻一方，应补偿另一方保单现金价值的一半。

但在司法实践中，一些法院认为，婚姻关系存续期间，夫妻双方或一方为子女购买的保险，应视为夫妻双方对子女的赠与，因此离婚时该保单应不予分割。

比如，2016 年《浙江省高级人民法院民一庭关于审理婚姻家庭案件若干问题的解答》有如下明确意见：

十五、婚姻关系存续期间，夫妻一方为子女购买的保险，在离婚时可否作为夫妻共同财产予以分割？

答：婚姻关系存续期间，夫妻一方为子女购买的保险视为双方对子女的赠与，不作为夫妻共同财产分割。

2019 年 7 月，江苏省高级人民法院民事审判第一庭印发的《家事纠纷案件审理指南（婚姻家庭部分）》对夫妻一方为未成年子女购买保单的处理，也有类似的观点：

43. 离婚案件中对于人身保险合同应当如何处理？

（3）为未成年子女购买人身保险的处理

婚姻关系存续期间，夫妻一方或者双方为未成年子女购买的人身保险获得的保险金，如果未成年子女未死亡，应当专属于未成年子女所有。

离婚时，如果为未成年子女购买的人身保险合同尚处于保险有效期的，因保险的最终利益归属于未成年子女，该保险应当视为对未成年子女的赠与，不再作为夫妻共同财产分割。

▶▶▶ 延伸阅读

对于夫妻离婚，给子女购买的保单是否分割的问题，在司法实践中，还有一种观点认为，应综合考虑投保人的投保动机。如果夫妻一方在分居后或准备离婚时为子女购买大额保单，则存在恶意转移财产的嫌疑，会加大法院分割该保单的风险。

如果被认定是恶意转移财产的行为，则实施该行为的夫妻一方还将面临被法院判决少分甚至不分夫妻共同财产的风险。《民法典》第一千零九十二条规定："夫妻一方隐藏、转移、变卖、毁损、挥霍夫妻共同财产，或者伪造夫妻共同债务企图侵占另一方财产的，在离婚分割夫妻共同财产时，对该方可以少分或者不分。"

52 如何通过年金保险做再婚资产安排?

　　小丽：小张离婚了。他和前妻的孩子现在由他爸妈帮忙照顾。父母离婚，最受伤害的就是孩子。父母要是再婚，有了新家庭，孩子的处境可能就更尴尬了。

　　小博：婚姻破裂，夫妻都很无奈，但更无辜的是孩子，身为父母，应该尽可能为孩子着想，提前为他们做一些安排。比如，父母可以在再婚前，用年金保险给孩子做一些资金规划，尽自己的一份心意，给孩子些许弥补。

▶▶▶ **专业解析**

　　中商产业研究院于 2022 年 7 月 15 日根据民政部官方公布的数据整理并发布了下面这张 2016—2022 年第一季度我国离婚人数变化趋势图。

2016—2022 年第一季度我国离婚人数变化趋势图

在离婚与再婚的过程中，财产的安排尤为重要。我们来看看下面这个案例。

曾总今年 42 岁，是一家企业的创始人。两年前，他与妻子办理了离婚手续。两人约定，7 岁的女儿童童由前妻抚养，曾总承担女儿的部分生活费。

曾总公司的运营情况不错，每年净利润有五六百万元。作为一名成功人士，他的身边不乏追求者，他也在考虑重组家庭。但对于未来的婚姻，他总有一丝隐忧。

虽然女儿童童由前妻抚养，但曾总非常爱女儿，很关心女儿的成长。前妻的收入不错，但曾总除了给生活费，还会经常给女儿一些钱，而且他尤其关注女儿的教育问题。他本来准备给女儿一笔数额较大的钱，但又有顾虑。如果给现金，这笔钱肯定会由前妻控制。钱给出去就收不回来了，如果前妻再婚，这笔钱会不会全部用在童童身上很难确定。如果不给出去，曾总再婚后怎么办呢？虽然曾总可以和下一任太太谈好这笔钱是专门给童童用的，但这笔钱在曾总再婚后很容易就变成夫妻共同财产了。如果新太太有其他顾虑，不同意把这笔钱给童童，曾总又该怎么办？曾总会不会因此和下一任太太产生争执？有了上次离婚的经历，曾总想得格外多。

曾总有两个打算：第一，给女儿准备一笔专属于她的钱，保证女儿成长和教育所需；第二，再婚前，为自己的资产做好规划，并留出一部分资产，未来归女儿所有。他希望在再婚前做好这些安排，以避免再婚后出现种种掣肘或意外。

经过反复考量，曾总选择给童童投保一份总保费 1500 万元的大额年金保险。投保人为曾总，被保险人为女儿，身故受益人为曾总。

通过投保这份年金保险，曾总主要达到了以下四个目的。

1. 确保了童童的成长和教育所需

保险合同约定 3 年交清 1500 万元保费，其生存保险金返还及分红可以确保童童在 18 岁之前至少拿到 500 万元资金。如果这笔资金没有用完，可以在保险账户中继续以复利的方式增值。

2. 保单资产单向增值

这份年金保险确保了资金的安全性。年金保险合同明确约定的生存保险金返还和分红都能保证这笔资产的单向增值性。

3. 这是一笔婚后的个人财产

为保证资产权属清晰，曾总特意在银行单独设立了一个账户，并将 1500 万元转入，用于交纳 3 年的保费。如果曾总组建新家庭之前不进行资产规划，则婚前属于个人的现金资产非常容易与婚内财产混同。即使再婚前曾总和下一任太太有关于财产权属的约定，也具有一定的不确定性。用年金保险的方式将这笔资产的权属确定下来，能够避免与再婚后的资产发生混同，减少了尴尬与争议。

4. 掌控这笔钱的用途

因为女儿由前妻抚养，如果曾总把钱存到女儿名下的银行账户，前妻作为监护人是可以随意动用的。使用年金保险这种形式，即便前妻动用，也只能动用按固定期限返还的生存保险金和分红，而无法动用本金。曾总作为投保人，仍然可以控制这份保单，随时可以通过退保的方式拿回这份保单的现金价值。

通过一份年金保单，曾总简单、直接地为女儿规划了一笔专属资产，同时将其与自己未来家庭的夫妻共同财产进行了明确区分。

再婚家庭经常会遇到较为复杂的家庭财产分配问题，使用年金保险这一工具，既能实现对子女的财富支持，又能实现婚姻财富规划，可谓一举两得。

▶▶▶ 延伸阅读

《民法典》关于婚前财产协议的相关规定如下：

第一千零六十五条　男女双方可以约定婚姻关系存续期间所得的财产以及婚前财产归各自所有、共同所有或者部分各自所有、部分共同所有。约定应当采用书面形式。没有约定或者约定不明确的，适用本法第一千零六十二条、第一千零六十三条的规定。

夫妻对婚姻关系存续期间所得的财产以及婚前财产的约定，对双方具有法律约束力。

Chapter

4

第四章

一

财富管理

53 当前理财市场中，年金保险的主要优势是什么？

小丽：你上次和我说无风险收益越来越低了，我还真感觉到了。最近，银行存款、国债这些没有风险的理财产品的利率都在降低。

小博：应该说，近年来咱们国家的金融理财市场发生了很大变化。正因为这些变化，年金保险越来越受到人们的重视。

▶▶▶ **专业解析**

近年来我国金融理财市场发生了很大变化，主要表现为以下三点。

1. 利率市场化改革持续推进

20多年前，我国的金融体系是利率管制体系，即人们到任何一家银行去存款，利率是完全一样的。当然，企业到银行去贷款，利率也是一样的。随着市场化进程的加快，利率管制体系的诸多弊端，比如金融资源错配、银行之间缺乏竞争、企业贷款成本居高不下等，逐渐显现出来。

为了解决这些问题，我国持续推进利率市场化改革，这也是我国金融领域最核心的改革之一。

利率市场化改革的本质，是把利率的定价权交给市场，让优质企业享受更低的贷款利率，同时通过不同银行间存款利率的差别，为银行业引入竞争机制，推动银行业服务质量的提升。

利率市场化改革的必然结果是银行业内部竞争加大，这可能导致银行贷款利率下降，进而导致银行存款利率下降。随之而来的是各种银行理财产品收益率下降，实体经济通过贷款获得资金的成本降低。

2. 投资收益率普遍下降

改革开放以来，我国经济经历了几十年的高速发展。从 2001 年到 2010 年，我国 GDP 的平均增速为 10.55%。2011 年到 2020 年，我国经济的发展速度明显放缓，经济发展进入"新常态"，GDP 的平均增速为 6.83%。受新冠疫情影响，我国经济发展面临更大的挑战。

各种投资理财产品聚拢的资金，最终都要被投入具体的实体经济项目中以获取收益。经济发展速度整体放缓，使得社会整体投资收益率下降。

社会经济发展到新阶段，也将带来产业结构的调整。比如，以前大量理财产品、信托产品所募集的资金会被投入房地产开发项目中，如今，随着房地产市场发展增速趋缓，房地产开发项目的投资收益率在降低，风险在加大。

经济发展到新阶段，许多行业的投资收益率下降，各类理财产品、资管计划的收益率也随之整体呈下降趋势。

3. "刚性兑付"被打破

2017 年以前，我国理财市场普遍存在"刚性兑付"的情况。所谓"刚性兑付"，主要表现为客户在信托公司投资的固定收益信托产品和在银行购买的理财产品无论是盈是亏，相关金融机构都会兑付客户投资的本金和机构承诺给客户的收益，而投资失败所产生的损失则由这些金融机构来承担。长期以来，我国的金融机构一直有国家作为最后的担保人，这意味着"刚性兑付"背后的"窟窿"，最终要由国家来弥补。我国整体经济体量巨大，如果不打破"刚性兑付"，在经济发展增速放缓的背景下，大量的投资风险会形成系统性的金融风险，对我国金融体系的稳定造成严重威胁。

我国打破"刚性兑付"的束缚，是从2015年中诚信托的一款集合信托计划产品未完全兑付收益开始的。直到2018年，由中国人民银行、银保监会、中国证券监督管理委员会、国家外汇管理局联合印发的《关于规范金融机构资产管理业务的指导意见》出台，我国才基本结束了金融理财市场中投资者"收益高、风险低"的历史。

以集合信托计划产品为例。2010年至2015年，集合信托计划产品的主要投资方向是房地产开发项目，其中固定收益类产品的收益率普遍在10%～18%。但随着市场的变化，这类产品的收益率普遍下降，而且出现资金风险的项目逐年增多，"信托爆雷"事件频发。如今，信托公司正在积极推进业务转型。截至2023年6月末，信托公司的资金管理规模已从最高时的26.25万亿元下降到21.69万亿元。

了解了我国金融理财市场的主要变化，我们再来看在目前及未来理财市场环境下，年金保险的价值体现在哪里。

年金保险的价值集中体现在以下三个方面：

第一，在目前的理财市场中，年金保险是在保证资金安全的前提下，长期收益率较高的产品。

在原有投资理财产品的安全性、收益率下降的情况下，年金保险相对较高的安全性和长期收益率都对投资者产生了更强的吸引力。

第二，投资年金保险是让专业的人去做专业的事。

理财市场发生了很大的变化，但作为个人投资者的我们，精力和专业能力都有限，对理财市场的了解不可能面面俱到，这时就需要专业的理财人士来为我们解决专业的理财问题。实际上，我们配置年金保险，相当于把资金的投资决策权交给了保险公司。保险公司拥有专业的投资管理团队，可以对投资项目进行筛选，集中大量资金进行长期投资，同时将投资项目分散，以均衡利益，降低风险。

第三，年金保险是中长期安全资产配置中重要的一环。

由于我国经济增速放缓，个人投资单一的产品，比如银行理财产品、信托产品等，轻轻松松就可以赚钱的时代已经过去。个人投资者需要综合考虑投资风险等级、专属用途、长短期限等因素，然后再进行有针对性的配置，才能确保资金安全，获得长期、稳定的收益。资产配置中，中长期安全资产的配置无疑是重要的一环。年金保险凭借其对资金的安全性、长期投资收益的保障，得到了越来越多投资者的重视。

▶▶▶ 延伸阅读

信托产品的投资风险在加大。投资者通常所讲的"信托产品"，指的是集合资金信托计划，是信托公司依法经营的金融投资产品。

信托产品曾经是高净值人群投资理财的首选产品。在相当长的时间内，信托产品收益较高，且信托公司承担了投资风险，为投资者提供了隐性担保，保证了本金和收益的兑付。

2017 年以后，各类投资产品的收益率整体下降，其风险也在加大。现在信托产品的年化收益率已降到 7% 以下，且不断出现信托产品"爆雷"违约、本金无法收回的事件。为应对这类风险，我国的金融监管政策也在不断完善，目前的金融监管政策严格禁止各类金融机构为资管计划、信托产品提供隐性担保。

54 财富管理中的"留余"为何特别重要?

小丽:你看过《大宅门》那部电视剧吗?我看完了就想,要是我的老祖宗当年也在我家老房子的后院埋下一大罐金子,我就"发达"了!

小博:你怎么在白天就开始说梦话了?不过,你要是担心未来遇到风险,希望存一笔钱来支撑自己的生活,那么你可能真的需要眼下就去找个"罐子",给自己的财富做个"留余"。

小丽:"留余"是什么意思?

▶▶▶ **专业解析**

"以有余补不足""常将有日思无日,莫把无时当有时",体现了中国人民的智慧。在财富管理中,"留余"是非常重要的。

我们来看一个真实的案例。房地产开发商王某,30多岁就功成名就,成了亿万富翁。2015年1月,王某突然去世,留下大量遗产。后来由于遗产纠纷,王某的几个孩子没能拿到父亲的遗产,失去了稳定的经济来源,不得不中断学业。

人们通常认为,所谓"留余",就是给孩子留下足够多的钱。其实,留多少钱固然重要,留的方式也很重要。

我们再来看一个真实的案例。某企业主夫妇,早年在生意比较好的时候,拿出1500万元买了一份年金保险,被保险人是他们的孩子。后来,公司因为经济纠纷被起诉,企业主夫妇的银行账户均被法院冻结。此时，他们之前购买的那份年金保险派上了大用场。由于孩子是保单的被保险人，所以保单每年约 50 万元的生存保险金会直接付到孩子的银行账户。正是依靠这些钱，一家人度过了那段最艰难的日子，孩子的教育也没有受到太大影响。

这两个案例给我们深刻的启示是，一个家庭的幸福美满，不仅取决于拥有多少财富，还取决于能否管理好家庭财富，为家庭财富筑牢安全防线，建立"留余"思维。

风险总是来得悄无声息。可以预见的风险不是风险，不在预想之内的风险才是真正的风险！每个人都应该建立起全方位的风险意识。作为企业家，更要建立"留余"思维，对家企资产进行定期剥离，让一部分资产真正回归到家庭、个人，才可长保家庭安顺和谐。

与企业经营所获得的收益相比，年金保险的收益率不高；与银行存款相比，年金保险不够灵活。但是在关键时刻，年金保险可以给予我们重要的支撑。

年金保险是"留余"思维最简便易行的执行方式。对于企业家而言，在企业经营状况良好时，可以通过年金保险进行家庭后备资产的储备。对于普通家庭而言，可以通过年金保险进行家庭财富规划。当风险发生时，年金保险就如同电视剧《大宅门》中白家埋在后院的黄金，可以帮你守住家庭生活的"底线"。

▶▶▶ 延伸阅读

什么是资产剥离？

资产剥离是指将企业经营所获得的利润或合法的股东权益通过

分红等方式划归个人账户，从而使这部分资产脱离公司财务体系。

　　企业家应处理好家庭财产与企业资产之间的关系，定期或不定期地通过资产剥离，使企业资产合法地转移到个人或家庭，脱离企业运营的风险。

55 年金保险在财富管理中有什么重要的作用?

小丽:我和几个经常做投资的朋友说到我买的年金保险,他们说用年金保险做投资,收益率太低了。

小博:这是从投资管理角度来考虑的,但投资管理只是财富管理的一部分。在财富管理中,我们不仅要关注收益率较高的金融产品,还要关注年金保险这类收益率不是很高的金融产品起到的作用。

▶▶▶ 专业解析

随着我国经济的发展,居民家庭财富大幅增加,高净值人士的数量迅速增加,财富管理成为人们普遍关注的话题。

财富管理的目标与投资管理的目标并不相同。投资管理是为了实现资产保值、增值而进行资产配置和投资工具选择的过程,它只是财富管理的一个组成部分。财富管理则是为了实现"创富""守富""享富""传富"。

在财富管理中,年金保险是一种非常重要的、有诸多功能的金融工具。

(1)在资产配置中,年金保险是重要的底层资产。年金保险的确定性、稳定性,能帮助我们实现一部分底层资产的保值增值。摩天大楼要有地基,年金保险如同资产配置中的地基,能保证我们资产结构的稳固、平衡。

（2）年金保险可以实现养老金、教育金的现金流规划，让财富服务于生活，让我们通过简单规划就能获得稳定的现金流，实现"享富"的目标。

（3）年金保险可以指定不同受益人和受益比例，从而帮助我们实现财富的有效传承、简单传承、可控传承、无争议传承、私密传承。

（4）年金保险可以与多种金融工具结合，达成复杂的财富管理目的。比如，我们可以将年金保险装入家族信托，搭建保险金信托，在保证资金安全的同时实现资金的长期保值增值，等等。

年金保险在财富管理中的重要作用与丰富功能，值得人们深入了解和探索。

▶▶▶ 延伸阅读

摩根士丹利公司有一句关于财富管理的格言："财富管理的最终目的不是让金钱呈几何比例递增，然后覆盖全球，而是让生活更美好。"所以，理财师要做的并不是生财，因为投资在理财工作中是手段不是目的。

56 年金保险在财富传承中的优势是什么?

小丽:既然年金保险在财富管理中这么重要,那么具体到财富传承,它的优势究竟有哪些呢?

小博:说到年金保险在财富传承中的优势,我总结了几个关键词,分别是"绿色通道""增长剂""天然遗嘱""润滑剂""保护罩""隔离墙""总控台"。

小丽:你快给我讲讲,这些词到底是什么意思。

▶▶▶ 专业解析

1.年金保险是财富传承的"绿色通道"

在高净值人群的资产配置中,年金保险是应该配置的重要资产之一。如果我们在投保时指定了身故受益人,当被保险人身故时,身故受益人一般只要提供保单、身份证明、被保险人身故证明等材料,就可以完成理赔,不需要其他任何人的参与。如果我们通过遗嘱传承财产,则需要完成遗产清点、补缴税款、债权债务清算、继承权公证等一系列工作,并且需要所有继承人的参与,其手续繁杂,所需材料很多。

我们通过年金保险进行财富传承,既简单又高效,就像进入了财富传承的"绿色通道"。

2.年金保险是财富的"增长剂"

年金保险可以在保证资产安全的基础上实现资产的保值增值。

年金保险就像财富的"增长剂",而且是具有复利效果的"增长剂",持有时间越长越有优势,越能放大传承的财富。

3. 年金保险是财富传承的"天然遗嘱"

有些人觉得自己身强力壮,正处于事业上升期,暂时用不着考虑身后事。还有些人出于心理原因,十分忌讳谈及生死。《2022中华遗嘱库白皮书》中的数据显示,截至2022年底,中华遗嘱库只登记保管了25万余份遗嘱。

保单被称为"天然遗嘱"。我们通过购买一份大额年金保单,既能解决自己养老的问题,又能安排好身后的财产传承,还不会产生提前"安排后事"的心理障碍。

4. 年金保险是家庭成员关系的"润滑剂"

有人想把财富提前传承给子女,但担心子女一旦获得财富就会随意挥霍。

保险合同中有三个角色:投保人、被保险人、受益人。当我们投保年金保险后,就对一笔资产的权属做了法律认可的划分。投保人在保单有效期内享有保单的所有权,被保险人享有生存保险金受益权,身故受益人享有身故保险金受益权。我们投保一份年金保险,以子女为被保险人,既充分表达了将这笔资产赠与子女的意愿,又不会一次性将所有资金给子女,而是按月或按年以生存保险金的形式,逐步将这笔资金给子女。另外,由于投保人拥有保单的所有权,所以他随时可以通过退保收回资金。

通过巧妙设计保单架构,年金保险可以充当家庭成员关系的"润滑剂"。

5. 年金保险是家庭隐私的"保护罩"

年金保险投保、理赔的过程不需要除投保人、被保险人、身故受益人以外的家庭成员知晓，不会泄露财富传承情况，避免了一些不必要的家庭纠纷。

6. 年金保险是债务风险的"隔离墙"

年金保险具有一定的债务风险隔离功能。如果"财富一代"是被保险人，他的子女是身故受益人，则被保险人的身故保险金通常不会被用于偿还被保险人生前的债务。

关于年金保险在债务风险隔离方面的作用，本书后面的章节会有详细论述，这里就不多讲了。

7. 年金保险是财富传承的"总控台"

如果我们认为未来的财富传承具有一定的不确定性，比如有多个子女，未来的遗产分配方案尚难确定，则可以投保一份年金保险，自己做投保人和被保险人。对于身故受益人，我们可以先按自己现在的想法来安排，无须让受益人本人知晓身故保险金的具体分配比例。如果未来想法有所改变，我们可以随时更改受益人或受益比例。年金保险就这样以非常简单的方式，起到了财富传承"总控台"的作用。

在财富传承中，年金保险集如此多的功能于一身，已经成为诸多高净值人士做财富传承规划时必选的工具。

▶▶▶▶ **延伸阅读**

什么是遗产管理人？

2021 年 1 月 1 日《民法典》生效。相较于原来的《中华人民共和国继承法》，《民法典》新设立了遗产管理人制度，即在继承过程中，增加了一个新的角色。

《民法典》第一千一百四十五条有如下规定：

继承开始后，遗嘱执行人为遗产管理人；没有遗嘱执行人的，继承人应当及时推选遗产管理人；继承人未推选的，由继承人共同担任遗产管理人；没有继承人或者继承人均放弃继承的，由被继承人生前住所地的民政部门或者村民委员会担任遗产管理人。

《民法典》第一千一百四十七条对遗产管理人的职责规定如下：

遗产管理人应当履行下列职责：

（一）清理遗产并制作遗产清单；

（二）向继承人报告遗产情况；

（三）采取必要措施防止遗产毁损、灭失；

（四）处理被继承人的债权债务；

（五）按照遗嘱或者依照法律规定分割遗产；

（六）实施与管理遗产有关的其他必要行为。

57 高现金价值的年金保险好在哪里?

小丽:我听说高现金价值的年金保险比较好。现金价值不是退保时才会用到的概念吗?高现金价值的年金保险到底好在哪里?

小博:我给你举一个例子,你就明白高现金价值的年金保险好在哪里了。

▶▶▶ **专业解析**

张女士购买了一份分红型年金保险,每年交费 50 万元,交费期 3 年,共计交费 150 万元。这份年金保险和一般的年金保险产品在主要合同条款方面没有什么区别,它的不同之处在于,其保单现金价值很高。

一般的年金保险产品,其首年的保单现金价值通常为所交保费的 50% 左右。张女士购买的这款年金保险产品,在交过首期保费 50 万元之后的第 1 年的保单现金价值是 41.8 万元,比一般的年金保险产品的保单现金价值高了很多,其第 2 年、第 3 年的保单现金价值也比一般的年金保险产品高。

下面两张表分别为某款普通年金保险产品和某款高现金价值年金保险产品的利益演示。通过这两张表,我们可以看到不同年金保险产品在保单现金价值上的区别。

关注年金保险的保单现金价值有什么意义呢?保单现金价值高,除了退保时能多退点钱,还有哪些好处呢?我们可以从下面三

金额单位：元

某款普通年金保险产品的利益演示

保单年度	期交保险费	累计交纳保险费	生存总利益 低	生存总利益 中	生存总利益 高	身故总利益 低	身故总利益 中	身故总利益 高	当年生存金（转入万能保险费）	当年红利（转入万能保险费）低	当年红利（转入万能保险费）中	当年红利（转入万能保险费）高	保单现金价值（退保金）
1	500 000	500 100	263 169	268 287	272 124	500 160	500 160	500 160	0	0	5 326	9 321	263 073
2	500 000	1 000 100	594 783	611 734	624 582	1 000 140	1 007 597	1 013 190	0	0	11 902	20 828	594 684
3	500 000	1 500 100	1 079 535	1 115 696	1 143 411	1 500 140	1 524 259	1 542 349	0	0	18 641	32 621	1 079 433
4	0	1 500 100	1 117 096	1 173 601	1 217 558	1 500 140	1 550 356	1 588 019	0	0	19 105	33 434	1 116 992
5	0	1 500 100	1 150 998	1 229 220	1 291 044	1 500 140	1 577 104	1 634 826	250 000	0	19 581	34 267	905 867
6	0	1 500 100	1 189 018	1 295 518	1 379 460	1 850 140	1 954 517	2 032 800	250 000	0	16 569	28 996	687 194

某款高现金价值年金保险产品的利益演示

保单年度	期交保险费	累计交纳保险费	生存总利益 低	中	高	身故总利益 低	中	高	当年生存金（转入万能保险费）	保单现金价值（退保金）
1	500 000	500 100	418 335	418 338	418 339	500 160	500 160	500 160	0	418 239
2	500 000	1 000 100	884 036	884 042	884 045	1 000 140	1 000 140	1 000 140	0	883 937
3	500 000	1 500 100	1 375 444	1 375 453	1 375 458	1 500 140	1 500 140	1 500 140	0	1 375 342
4	0	1 500 100	1 444 202	1 444 214	1 444 220	1 500 140	1 500 140	1 500 140	0	1 444 098
5	0	1 500 100	1 510 366	1 510 381	1 510 390	1 516 371	1 516 371	1 516 371	300 000	1 216 231

点来看：

（1）分红型年金保险的保单现金价值高，意味着获得的分红也高。分红型年金保险的分红基数之一是保单的现金价值。保单现金价值高，意味着在交同样保费的情况下，这份保单可以获得更多的分红。

（2）保单现金价值高的年金保险，退保时更"占便宜"。如上表所示的某款高现金价值年金保险产品，因为其保单现金价值高，在第5个保单周年日，保单现金价值与生存保险金返还两项的保证利益就超过150万元。也就是说，即使5年后退保，我们也不会亏本。

（3）保单现金价值高的年金保险可以提高保单资产的流动性。有保单贷款功能的年金保险，能贷出多少钱，取决于保单的现金价值。目前保险公司的保单贷款上限一般是保单现金价值的80%。保单的现金价值高，意味着我们通过保单贷款可以贷出更多的资金，这无疑提高了保单资产的流动性。

关于高现金价值年金保险产品的好处，张女士的经历最具说服力。

几年前，张女士购买了一份高现金价值的年金保险，年交保费100万元，3年交清。她购买这份年金保险，主要是为自己做长期养老规划。

在第3个保单周年日，保费已经交完。没过多久，张女士看上了一套房产，准备交购房款，但东拼西凑之后还有180万元的资金缺口。张女士在其他项目上的投资大概还有一年时间才能回款，怎么办呢？这时，她想到了这份保单。在投保时，保险顾问说过，这份保单有保单贷款的功能。于是，她用这份保单贷款200万元。贷款资金三天内就到账了，解了她的燃眉之急。

过了不到一年，她的其他投资资金回笼，还上了保单贷款的款项。她之前用年金保险做的养老规划没有任何改变，保单收益也没有受到影响。这笔保单贷款没有任何手续费，贷款年化利率只有5%，而且利息按天计收。和许多融资方式相比，保单贷款到款速度快、成本低。这次经历让张女士感受到了高现金价值年金保险的优势，正因如此，她又投入150万元购买了一份高现金价值的分红型年金保险。

高现金价值的年金保险产品能帮我们建立一个安全、高效、灵活的"资金池"。一旦需要资金周转，我们就可以通过保单贷款调动足够多的资金解决问题。

对于客户来讲，高现金价值的年金保险产品提高了资产流动性；对于保险公司来讲，则需要预先拨备更多的资金，以便履行其在保险合同中的承诺，这样就会降低保险公司用于长期投资的资金。因此，保险公司一般会限量发售高现金价值的年金保险产品，而且其保费起点也会相对较高。

高现金价值的保险产品也不一定适合所有需求场景。比如，投保人在将年金保险用于债务、婚姻等风险的筹划时，低现金价值的年金保险产品会有特殊的优势。若投保人需要偿债，被保险人或受益人想要赎回保单时，只要按照保单的现金价值赎回即可；若投保人离婚，保单被认定为夫妻共同财产需要分割时，投保人想要保留保单，需要将保单现金价值的一半补偿给配偶。这时，低现金价值的保单就能够减少损失。因此，购买年金保险时建议大家根据自己的实际情况和需求做出选择。

▶▶▶ 延伸阅读

2016 年之前，有些保单的保单贷款比例能达到保单现金价值的 90%。但在保监会 2016 年发布《中国保监会关于进一步完善人身保险精算制度有关事项的通知》之后，保单贷款的比例就不得高于保单现金价值或账户价值的 80% 了。原文如下：

四、保险公司提供保单贷款服务的，保单贷款比例不得高于保单现金价值或账户价值的 80%。保险公司不得接受投保人使用信用卡支付具有现金价值的人身保险保费以及对保单贷款进行还款。

58 年金保险可以实现财富的可控传承吗?

小丽:我父亲是做生意的,手头有点积蓄。他上次说想要把自己的一部分财产给我,可又怕我乱花。他还说怕我婚姻不稳定,万一以后离婚了,他给我的财产也要被分割。老人嘛,就是想得多。

小博:"传富"确实是一个大问题。你父亲担心的是在财富传承中的一些不可控的因素。如果想要实现财富的可控传承,不妨选择年金保险。你可以向你父亲推荐一下。

▶▶▶ **专业解析**

"创富""守富""享富""传富"是高净值人士的四个财富管理目标。要想做好财富规划,必然要做好"传富"。很多人在"传富"的过程中会面对种种障碍与问题,比如什么时候传、如何传、传给谁、传多少……诸如此类的问题,困扰着很多高净值人士。

在所有这些问题中,有两个典型问题是高净值人士在财富传承过程中普遍存在的。

第一个问题是财产所有权的转移即意味着控制权的转移。只要我们把现金、房产转移给子女,就意味着子女可以自行决定如何运用这些资产。如果子女缺乏驾驭资产的能力,提前传承很可能会造成资产的浪费与流失。

第二个问题是无法隔离风险。如果子女婚姻破裂,已经传承给子女的财产就存在被子女配偶分割走一半的可能。如果已经计划好传承给子女的财产不进行财产转移，又无法隔离父母自身的经营风险、债务风险、投资理财风险、税务风险，等等。

针对这两个问题，如何实现财富的可控传承，就显得尤为重要。这里说的"可控"，即财产权可控和风险可控。

使用年金保险作为财富传承工具，可以简单、轻松地解决这两个问题。这是由保险这种工具的基本特性决定的，即它能清晰地分割资产的所有权和受益权。

我们举一个例子来说明。王先生是一家私营企业的老板。他的妻子王太太考虑到目前她和王先生都已年过半百，女儿也已经成年，需要考虑财富传承的问题了。因此，王太太投保了一份大额年金保险，投保人为王太太，被保险人为王太太的女儿，身故受益人为王太太。

下图为王太太所购买的年金保险的保单架构。

王太太所购买的年金保险的保单架构

这种保单架构清晰地分割了保单的所有权与受益权。保单的所有权属于投保人（母亲），她拥有退保的权利，可以在被保险人同意的情况下更改身故受益人。保单的受益权分成两部分。一部分是保单的生存保险金。它属于生存受益人，也就是被保险人（女儿）。保单的生存保险金会付到女儿的个人账户上，由女儿全权支配。另一部分是保单的身故保险金。它属于身故受益人（母亲）。如果女儿不幸身故，保单的身故保险金将赔付至母亲的账户。

这份保单可以隔离女儿的婚姻财富风险：即使女儿未来发生婚变，保单也不会被分割。

投保人是王太太而不是王先生，在一定程度上可以隔离王先生在企业经营过程中可能产生的债务风险。根据《民法典》的规定，夫妻一方在经营过程中的举债不一定是夫妻共同债务。

不过，以上保单架构对债务隔离的作用是有限的。想要制订更有效的债务隔离方案，我们需要做更深入的规划。

▶▶▶ 延伸阅读

《民法典》中关于夫妻共同债务的偿还规定如下：

第一千零八十九条　离婚时，夫妻共同债务应当共同偿还。共同财产不足清偿或者财产归各自所有的，由双方协议清偿；协议不成的，由人民法院判决。

59 如何通过设计保单架构，实现不同的传承意愿？

小丽：既然通过年金保险能做到财富的可控传承，那买什么样的年金保险才能达到这样的目的呢？

小博：这首先要看传承人希望怎样传承，然后再根据他的需求设计相应的保单架构。

小丽：如何设计保单架构？你给我讲讲。

▶▶▶ **专业解析**

年金保险可以通过不同的保单架构，即对投保人、被保险人、身故受益人的设定，实现生前传承、身后传承、可变传承等不同的传承意愿。

假设一位父亲希望借助年金保险将财富传承给女儿，他可以通过不同的保单架构，实现四种不同的传承意愿。下面我们就来详解一下。

1. 身后传承

身后传承可以采用的保单架构：父亲为投保人和被保险人，女儿为身故受益人（见下图）。

身后传承可以采用的保单架构

在这种保单架构中，保单返还的生存保险金、分红、现金价值都属于父亲，女儿享有父亲身故时的保险金请求权。这样，大量的资产是在父亲身后传承给女儿的。这种保单架构的好处是：

（1）父亲在相当长的时间内充分享有保单的全部财产权。

（2）父亲可以随时使用保单产生的现金流，包括保单返还的生存保险金、分红，保单贷款获得的应急资金等。在极端情况下，他还可以通过退保获得保单的现金价值。

（3）父亲可以变更受益人，特别是在多子女的情况下，可以随时变更受益比例、受益人数等。

2. 生前传承

生前传承可以采用的保单架构：父亲出资，女儿为投保人和被保险人，父亲为身故受益人（见下图）。

生前传承可以采用的保单架构

在这种保单架构中，父亲从一开始就将财产所有权转移给女儿，保单返还的生存保险金、分红、现金价值都属于女儿。父亲享有女儿身故时的保险金请求权。采用这种保单架构时要关注以下三点：

（1）父亲没有对保单的控制权，女儿全权掌控保单，即女儿可以退保，也可以更改受益人。

（2）如果女儿尚未结婚，父亲应尽量在女儿结婚前交完保费，以确保保单是女儿的婚前个人财产。如果在女儿婚后继续交纳保

年金保险100问

费，尽管出资方是父亲，但由于保费是以女儿的名义交纳的，所以这部分保费以及它对应的保单现金价值，也可能被认定为女儿的夫妻共同财产。

（3）如果女儿婚后仍须交纳续期保费，父亲转账时应注明这笔钱是指定赠与女儿的，与女婿无关，并保留相关证据，以保证这份保单是属于女儿的婚内个人财产，不会在离婚时被分割。

需要注意的是，这种保单架构更适合已成年子女。

3. 生前传承接续身后传承

生前传承接续身后传承可以采用的保单架构：父亲为投保人，女儿为被保险人，父亲为身故受益人（见下图）。

生前传承接续身后传承可以采用的保单架构

在这种保单架构中，保单返还的生存保险金属于女儿，保单的分红、现金价值属于父亲。父亲享有女儿身故时的保险金请求权。这种保单架构的好处是：

（1）细水长流地给女儿提供现金流支持。如果女儿年龄不大，父亲也比较年轻，这份保单持有的时间会比较长，女儿只能动用生存保险金，可以避免女儿挥霍本金。

（2）父亲是投保人，女儿万一发生婚变，保单不会因为女儿离婚而被分割。已返还的生存保险金存在被分割的可能，但即使被分割，损失也在可接受的范围内。

（3）父亲作为投保人，可以在需要的时候退保。退保相当于撤销了投保时所做的赠与。

（4）万一出现女儿先于父亲身故的情况，身故受益人是父亲，可以避免家产外流。

（5）父亲在生存期间，可以随时通过变更投保人为女儿的方式，完成资产的生前传承，而且这笔转移的资产有非常清晰的财产权属。

（6）经女儿同意，父亲可以将保单的受益人改为其他人，比如外孙，将保单资产传至第三代。

需要注意的是，这种保单架构存在一个小问题：如果父亲突然身故，且此时他仍然是这份保单的投保人，这份保单就成了父亲的遗产，需要进入遗产继承程序，父亲的所有法定继承人都有权继承。父亲若想避免这种情况的发生，实现指定继承，有三个方法：第一，写一份遗嘱，在遗嘱中明确保单的继承人；第二，将投保人变更为指定继承人；第三，设置第二投保人。

4. 身后传承转生前传承

身后传承转生前传承可以采用的保单架构：父亲为被保险人，女儿为身故受益人，父亲先做投保人，然后在适当的时候，将投保人变更为女儿（见下图）。

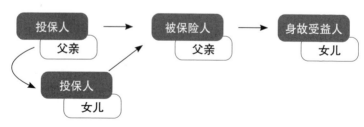

身后传承转生前传承可以采用的保单架构

　　　　　　　　　　　　　　年金保险100问

很明显，这种保单架构的第一个阶段，就是上面提到的身后传承。第二个阶段，即"在适当的时候，将投保人变更为女儿"，就是将保单资产的控制权（包括保单的分红、现金价值等）赠与女儿，提前完成了保单资产控制权的转移。

父亲通过变更投保人，既能提前实现资产传承，又能实现资产风险的隔离。如果以后父亲负债，这份更改了投保人的保单一般不会被用于清偿父亲所欠债务。但需要注意的是，父亲作为被保险人领取的生存保险金，还是有可能被用于偿还其所欠债务的——当然，此时作为投保人的女儿可以选择退保。

▶▶▶ 延伸阅读

保险事故发生前投保人去世，保单是否属于遗产？

在投保人正常生存情况下，保单的现金价值、账户价值等归投保人所有。如果在保险事故发生前投保人身故，且没有设置第二投保人，这份保单的现金价值、账户价值等就成了投保人的遗产。

原则上，此时也可以变更投保人，只是变更的手续比较麻烦，其难点在于：全体继承人需要在变更申请书及授权委托书上签字，并委托其中一人作为代表办理相关手续。一般来说，办理时还要提供原投保人的死亡证明等材料（不同保险公司的要求可能稍有不同）。

60 如果开征遗产税，年金保险能起到什么作用？

小丽：我听说有些国家的遗产税税率可高了。我们国家会不会也开征遗产税呢？听说开征遗产税后，买了年金保险的可以节省一些税款，是这样吗？

小博：我还是先给你讲一些跟遗产税有关的案例吧，让你对遗产税有个了解。

▶▶▶ **专业解析**

我国目前尚未开始征收遗产税，但在国际上，遗产税已经是一个比较成熟的税种。据统计，全球有 114 个国家或地区已经开征遗产税，超过全球国家数量的一半。目前，大多数国家的遗产税最高税率在 40%～60%。

2021 年 4 月 28 日，已故韩国三星电子董事长李健熙的家族表示，将为李健熙的遗产支付超过 12 万亿韩元（当时约合 107.8 亿美元或 702 亿元人民币）的遗产税。

为了缴纳税金，李健熙的遗孀及两个女儿分别通过出售三星集团的股票来筹集资金。2021 年，三星家族处理的股票价值约合人民币 116 亿元。不仅出售股票，据《朝鲜日报》报道，三星家族还从金融公司申请了数千亿韩元的信用贷。另外，遗属将捐赠李健熙个人收藏的超过 23 000 件艺术品，预计价值为 3 万亿韩元。韩国关于遗产继承的相关法律规定，原则上，继承人必须支付所继承艺术品价值的一半作为遗产税，但是如果选择捐赠艺术品，则无须支付遗产税。

与之形成对比的，是我国台湾地区曾经的首富蔡万霖对遗产继承所做的安排。

2004年蔡万霖去世时，按照我国台湾地区的遗产税规定，以蔡万霖留下的价值46亿美元的遗产计算，蔡万霖的继承人要缴纳的遗产税大约为782亿元新台币（当时约合23亿美元）。但蔡万霖通过巧妙的安排，使蔡家继承人最后只缴纳了6亿多元新台币（当时约合1.8亿美元）的遗产税，便顺利继承了遗产。

蔡万霖的安排主要有四项，包括设立投资子公司转移财产、以增资股票的方式向子女传承股权、设立信托及购买巨额保单。蔡万霖曾一次性购买数十亿元新台币的巨额寿险保单，通过寿险保单，将大笔金融资产免税传给继承人。

下表列举了一些征收巨额遗产税的事件。

征收巨额遗产税的事件

名字	所在地	身份	所留下的遗产需缴纳的遗产税
李健熙	韩国	三星集团第二任会长	12万亿韩元（当时约合702亿元人民币）
具本茂	韩国	韩国LG集团创始人	超过9000亿韩元（当时约合54亿元人民币）
王永庆	中国台湾	台塑集团创始人	当时约合119.7亿元人民币
费迪南德·皮耶希	德国	大众汽车集团前董事长兼首席执行官	当时约合43亿元人民币（由于存在2份遗嘱，因此存在争议）

名字	所在地	身份	所留下的遗产需缴纳的遗产税
玛格丽特公主	英国	英国王室	当时约合2772万元人民币
莉莉安·贝当古	法国	欧莱雅集团继承人、法国女首富	当时约合710亿元人民币
约瑟夫·萨夫拉	巴西	巴西首富	14.08亿美元（当时约合97亿元人民币）
特朗普家族	美国	—	5.5亿美元（当时约合38亿元人民币）

通过上表我们可以知道，遗产税对高净值人士的财富传承会产生重大影响。

保险是遗产税筹划的重要工具。如果开征遗产税，年金保险可以实现降低遗产总额和提供缴纳遗产税所需现金两大功用。

遗产税的征税范围是被继承人遗留下的财产，高净值人士可以投保带有以死亡为给付条件的大额年金保险，将个人名下的现金资产转化为保险资产。由于这部分资产是在被保险人身故时，以身故保险金的形式由保险公司支付给身故受益人的，不属于被保险人留下的遗产，因而可以有效降低遗产总额。

缴纳遗产税需要大量的现金，而且一般需要在遗产过户、可以被出售之前缴纳。年金保险的身故受益人可以在被保险人身故时简单、及时地获得一笔大额现金，用来缴纳遗产税。

那么，目前我国对于开征遗产税的态度是怎样的呢？实际上，对于是否应该开征遗产税，社会各界已经争论了很多年，并且尚无定论。

1994 年，我国推出的新税制改革将遗产税列为国家可能开征的税种之一。

1996 年，全国人大批准了《中华人民共和国国民经济和社会发展"九五"计划和 2010 年远景目标纲要》，纲要中提出"逐步开征遗产税和赠与税"。

中国社会科学院专家在 2017 年发布的《经济蓝皮书》中呼吁，要"尽快实施房地产税和遗产税，积极推进个人所得税改革等措施"。

2017 年，《财政部关于政协十二届全国委员会第五次会议第 0107 号（财税金融类 018 号）提案答复的函》称，"我国目前并未开征遗产税，也从未发布遗产税相关条例或条例草案"，并称提案中涉及的"2004 年、2010 年版《中华人民共和国遗产税暂行条例（草案）》"来源未知，对社会上针对遗产税的种种不实之词做出了官方回应。

▶▶▶ 延伸阅读

《财政部关于政协十二届全国委员会第五次会议第 0107 号（财税金融类 018 号）提案答复的函》提及，遗产税具有以下三个特点：

一是征税范围复杂。遗产形态多种多样，既包括房地产等不动产，也包括银行存款、现金、股票、证券、古玩、字画、珠宝等动产，还包括知识产权等无形资产，开征遗产税需要全面、准确掌握居民财产信息，以及遗赠、继承等具体情况。二是征管程序复杂。遗产税需要对各类财产进行合理估价，需要大量专业人员从事相关估价工作，征管中极易产生争议，争议解决程序通常也较为复杂。三是征管配套条件要求高。开征遗产税还需要具备相应的征管条件，如不同政府部门的紧密配合、对拒不缴税的纳税人在法律中做出税收保全和强制措施制度安排等。

61 保险金信托是什么?

小丽: 保险可以做信托, 这我还是第一次听说。我又孤陋寡闻了, 所以赶紧来向你请教。保险金信托是什么?

小博: 保险金信托确实是一个比较新的事物。我国有保险金信托产品是近些年的事, 你没听说过也很正常。

▶▶▶ **专业解析**

信托是指委托人把他的合法财产委托给受托人, 由受托人按照委托人的意愿, 以自己的名义对财产进行管理和处分, 来实现委托人的财富保障、财富传承、理财等综合性目的。目前, 信托的受托人通常是信托机构。

保险金信托是保险和信托结合而成的财富传承与财富管理工具, 是以保险金或保险金受益权为信托财产的一种信托类型。

委托人持有一份有效的人身保险合同, 把保险受益人指定或变更为信托公司, 同时与信托公司订立信托合同。当保险理赔发生时, 保险公司会将相应的保险金划付至对应信托账户, 信托正式生效, 信托公司会根据与委托人签订的信托合同管理、运用、分配信托财产。

在我国, 保险金信托还是一个比较新的事物。2014 年, 中信信托和中信保诚人寿推出了我国首款保险金信托产品。自此以后, 保险金信托逐渐进入高净值人士的视野, 发展得非常迅速。

保险金信托能够得到市场的认可，主要是因为它结合了保险和信托在财富传承中的优点，可以更好地帮助客户实现财富的保障与传承。

我们举一个保险金信托的典型案例。

许先生今年 48 岁，与太太离异。他有两个孩子，儿子 13 岁，女儿 2 岁，目前都由他抚养。许先生事业成功，但是他作为一名大龄单身父亲，对未来也有一些担忧。他主要担心以下三点：

（1）儿子还有 5 年进入高等教育期，许先生想让他出国留学，粗算下来出国期间每年花费不少于 50 万元。以完成本科与研究生学业共需 6 年时间计算，儿子出国留学至少要花费 300 万元。

（2）女儿虽然年龄还小，但后续的成长与教育也要花一大笔钱。

（3）女儿 18 岁时，也可能会出国留学，那时许先生 64 岁，已进入养老阶段，却仍要负担女儿的教育费用及家庭各项日常生活费用。待 6 年后女儿也完成了本科与研究生学业，许先生就已到了古稀之年。

所以在未来 20 多年乃至更长的时间中，许先生要面临家庭生活费用、儿子的教育费、女儿的成长与教育费等诸多开销。

考虑到自己平时工作非常辛苦，身体也有"走下坡路"的趋势，许先生为自己投保了一份 1000 万元保额的终身寿险。考虑到未来生意的不确定性，许先生又为自己投保了一份 1000 万元保费的年金保险，保费在 3 年内交清。许先生将年金保险作为专项储蓄，目的是让整个家庭有 1000 万元的资产作为基础，在一定程度上解决孩子未来的教育及自己的养老问题。

大额终身寿险解决了一定的风险保障问题，年金保险则为未来提供了稳定的现金流。在两个孩子的成长与教育期内，如果许先生发生身故风险，这两份保单能给孩子留下至少2000万元的财产；如果在此期间许先生没有发生身故风险，待他百年以后，仍然可以把千万级的财产传承给孩子。

这样的安排已经很好了，但仍有一些问题没有完全解决。比如，如果许先生的孩子突然得到一大笔身故保险金，能否驾驭好这笔财富；如果许先生把这笔钱留给前妻，前妻是否有能力管理好这笔钱；如果前妻组建新的家庭，许先生留给孩子的财富是否会被挪用；此外，如果许先生的孩子未来出现婚变，这笔钱是否会被分割。

因此，许先生在投保年金保险的基础上，设立了保险金信托。

设立保险金信托后，许先生的身故保险金不会一次性支付给受益人，而会支付给信托公司。许先生的保险金信托计划的主要内容见下图。

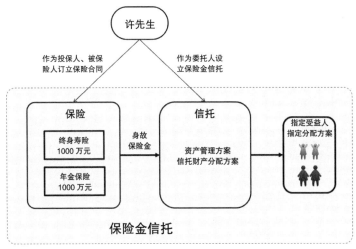

许先生的保险金信托计划的主要内容

当被保险人身故时，保险金信托计划即时生效。进入保险金信托计划的资产就是许先生身故后寿险的身故保险金 1000 万元，加上年金保险的身故保险金。如果年金保险尚未返还生存保险金，则该年金保险的身故保险金至少为 1000 万元。这样两份保单将有总计至少 2000 万元的保险金进入保险金信托计划。

保险对接保险金信托计划，解决了许先生担心的几个问题：

（1）2000 万元不会一次性支付给孩了，避免了孩子不善于驾驭大额资产的风险。

（2）这笔保险金是由信托公司的专业团队进行管理的，而不是由受益人或某个个人来管理的。信托公司有专业的管理团队，将按照与许先生约定的资产管理方案来执行。

（3）2000 万元保险金的分配方案是由许先生提前定好的。分配的资金主要用于孩子日常的生活、教育、婚嫁以及大额医疗费用的开支。即使到时许先生已经不在人世，信托公司仍然会按照与许先生约定好的信托财产分配方案来执行。

关于许先生制订的这个保险金信托计划的分配方案，我们用下面这张表给大家做一个详解。

许先生制订的保险金信托计划的分配方案详解

项目	分配方案及金额
基本生活	60岁前： 每年分配信托利益（　　）万（　　）千元整。分配日为每年12月20日后10个工作日内； 每半年分配信托利益（　　）万（　　）千元整。分配日为每年6月20日、12月20日后10个工作日内； 每季度分配信托利益（　　）万（　　）千元整。分配日为每年3月20日、6月20日、9月20日、12月20日后10个工作日内
养老金	60岁及以后： 每年分配信托利益（　　）万（　　）千元整。分配日为每年12月20日后10个工作日内； 每半年分配信托利益（　　）万（　　）千元整。分配日为每年6月20日、12月20日后10个工作日内； 每季度分配信托利益（　　）万（　　）千元整。分配日为每年3月20日、6月20日、9月20日、12月20日后10个工作日内
学业支持	小学入学一次性分配信托利益（　　）万元整； 初中入学一次性分配信托利益（　　）万元整； 高中入学一次性分配信托利益（　　）万元整； 大学入学（含留学）一次性分配信托利益（　　）万元整
家庭和谐	结婚一次性分配信托利益（　　）万元整； 生育一次性分配信托利益（　　）万元整
消费引导	购房一次性分配信托利益（　　）万元整； 购车一次性分配信托利益（　　）万元整

项目	分配方案及金额
应急金	根据提交医疗发票金额进行一次性分配［发票总数不超过5张，发票总金额须超过5万元（含本数），且该等发票的开具日期不得早于受托人受托之日前30日］
受益人均身故或信托到期	捐赠给指定的慈善组织或慈善信托，抑或法律法规所确定的人

▶▶▶ 延伸阅读

2014 年中信信托设立了国内第一单保险金信托。此后，保险金信托客户数量逐年增加，从 2014 年的 10 位客户，到 2015 年的近 100 位客户，再到 2016 年的 500 多位客户……截至 2022 年底，已超过 10 000 位客户。

根据财联社 2023 年 2 月 24 日的消息，2023 年 1 月，新增保险金信托规模近 90 亿元，环比增长 67%。

62 相较于保险，保险金信托的优势是什么？

小丽：之前你说年金保险在财富管理、财富传承方面有不少优势，现在你又说保险金信托也很好。我已经买了年金保险，还要搭配保险金信托吗？这样是不是有些画蛇添足啊？

小博：保险金信托可以说是加强了保险原有的优势，同时弥补了保险的某些不足。我来给你讲讲，和保险相比，保险金信托的优势究竟在哪里。

▶▶▶ **专业解析**

要想了解保险金信托，先要了解家族信托。

对于超高净值人士来说，家族信托可以说是标配。设立家族信托，委托人可以将个人名下的财产，包括现金、保险、股权、房产等资产委托给信托公司，实现相应资产与个人资产的隔离。

装入家族信托的资产由信托公司进行专业管理，以实现信托资产的保值、增值。委托人可以针对信托受益人设定信托财产分配计划。这个计划完全反映委托人的意志，并且不会因委托人的离世而失去效力。信托公司必须按照委托人设定的计划为受益人分配信托利益。因此，家族信托能够实现安全、有序、可控的财富传承。

虽然在财富传承、税务筹划、风险隔离、资产管理等方面，保险和家族信托存在着相似性，但两者也有区别。保险主要解决风险转移与损失补偿的问题，家族信托主要解决财产的管理、分配以及家族事务管理的问题，保险金信托则是以上两者的结合。

在财富传承方面，保险存在以下三个不足：

（1）大笔身故保险金的资产管理问题。如果子女还小，没有能力管理财富，或者子女虽已成年，但驾驭财富的能力有限，把一笔大额身故保险金一次性给子女，显然不是最佳方案。

（2）无法按个人意愿进行资金管理。保险的利益分配方式比较单一，无法进行多样化的安排。

（3）对受益人的限制比较多。最典型的一个限制是，保险无法设定尚未出生的人为受益人，比如投保人或被保险人都不能把自己尚未出生的孙辈设定为受益人。

相较于保险，保险金信托有以下五个独特优势：

（1）财富规划与传承功能更灵活。保险金信托可以按照委托人的意志进行财富管理、财富分配，可以和家族信托一样灵活地设置利益分配方案，甚至可以由受托人遵从委托人的意志，在不损害受益人利益的情况下进行动态调整，相比保险具有更大的灵活性。

（2）能更为有效地防范子女挥霍。被保险人身故后，保险公司将身故保险金支付给受益人，保险合同便已结束。如果这笔身故保险金数额较大，受益人又无法很好地管理大额资产，就可能产生挥霍的问题。保险赔偿金对接保险金信托可以帮助委托人有序、有节、长期地为受益人提供经济支持。通过合理规划，委托人可以提前根据受益人的教育、生活、医疗等需要，有序安排资产的管理和使用，不会使受益人一次性获得大额资产。

（3）保险金信托的资产具有独立性，可以隔离受益人的债务、婚姻风险。保险金信托利益尚未分配前，保险金信托资产具有独立性，不会因受益人的负债而被用于偿债，也不会因受益人离婚而被分割。而保险赔偿金则可能在某些情况下，因投保人、被保险人的负债，被用于偿债。

（4）可以更好地照顾特殊人群。如果受益人是未成年人、精神病人或老年人等无民事行为能力人或限制民事行为能力人，那么他们可能并不能直接或实质性获得保险赔偿金，可能发生监护人私自挪用、占有保险赔偿金，或者不按照投保人的意愿使用赔偿金的情况。委托人通过合理规划保险金信托，可以使保险赔偿金成为信托资产独立存在，不会使受益人一次性获得大额资产，并且委托人可以提前根据后代的教育、生活、医疗等需要，有序安排资产的管理和使用。

（5）受益人资格更宽泛。在实践中，保险公司对保单受益人的资格有较多要求，一般要求受益人为被保险人的直系亲属。相对而言，保险金信托受益人的资格认定更为宽泛。比如，委托人可以指定隔代受益人，可以指定未出生的家族成员为受益人，也可以指定子女将来的配偶为受益人，等等。

总的来说，保险金信托既充分保留了保险的优势，又弥补了保险在财富传承、风险隔离等方面的一些不足。

▶▶▶ 延伸阅读

保险金信托的保密性如何？

《中华人民共和国信托法》第三十三条规定："受托人对委托人、受益人以及处理信托事务的情况和资料负有依法保密的义务。"

年金保单对接保险金信托后，一旦被保险人身故，身故保险金即进入保险金信托，其保密性体现在以下两个方面：

（1）信托财产的资产规模保密。除信托公司外，其他人不会知道委托人装入了多少资产，以及信托公司内属于委托人的资产现在还有多少。

（2）信托的利益分配金额与方式在受益人之间保密。信托受益人只知道自己的受益金额与分配方式，不知道其他受益人的受益金额与分配方式。

63 相较于家族信托，保险金信托有哪些优势？

小丽：我听说不少人都开始做家族信托了。家族信托和保险金信托都是信托，它们有什么区别吗？

小博：其实，保险金信托是在家族信托的基础上发展起来的，但它们还是有一些区别的，我国的金融监管机构对这两种金融工具也有不同的要求和规定。

▶▶▶ **专业解析**

中国信托登记有限责任公司的数据显示，截至 2022 年末，我国家族信托业务存续规模超过 5000 亿元。

在财富传承方面，保险和家族信托都有各自的不足。保险的不足我们在上一节中已经说过，这一节我们来说说家族信托的不足：

（1）资金起点高。2018 年 8 月，银保监会发布了《信托部关于加强规范资产管理业务过渡期内信托监管工作的通知》，要求家族信托财产金额或价值应不低于 1000 万元。

（2）家族信托的设立过程比较烦琐，需要进行比较复杂的信托财产尽职调查，一般需要 1~3 个月。

（3）家族信托一经设立，需要每年支付托管费、管理费等费用，综合成本每年约占信托资产的 0.5%~2%。

相对于家族信托在财富传承中的这些不足，保险金信托有如下优势：

（1）设立保险金信托，最低只需要购买 100 万元保额的保险。相对于家族信托 1000 万元的资金门槛，保险金信托的资金起点大幅度降低了。

（2）保险金信托在保单没有理赔时，无须每年支付资产管理费。

（3）保险金信托的设立过程非常简单，不需要和家族信托一样进行复杂的信托财产尽职调查。即使是大额保单的契约调查，也比家族信托的尽职调查快捷、简单。家族信托的设立须配偶确认知情，保险金信托则无此强制性要求。

（4）相对于家族信托，保险金信托具有资金杠杆作用，可以放大传承资产规模。

保险、家族信托与保险金信托的比较见下表。

保险、家族信托与保险金信托的比较

相关要求与实现的效果	保险	家族信托	保险金信托
资金起点	较低	1000万元委托资产	100万元保额
受益人资格	一般要求是被保险人在世的直系亲属	范围较广	范围较广
资产隔离效果	较弱	强	1.0版中，2.0版、3.0版强
设立流程	简单	复杂	简单
资产管理费	无	有	信托不生效不收取
配偶知情	不需要	需要	不需要

相关要求与实现的效果	保险	家族信托	保险金信托
身故保险金管理	身故保险金一次性给受益人	由专业团队管理,按信托合同进行分配	身故保险金进入信托,由专业团队管理,按信托合同进行分配

▶▶▶ 延伸阅读

2018 年 8 月,银保监会下发的《信托部关于加强规范资产管理业务过渡期内信托监管工作的通知》中,对家族信托的描述如下:

家族信托是指信托公司接受单一个人或者家庭的委托,以家庭财富的保护、传承和管理为主要信托目的,提供财产规划、风险隔离、资产配置、子女教育、家族治理、公益(慈善)事业等定制化事务管理和金融服务的信托业务。家族信托财产金额或价值不低于 1000 万元,受益人应包括委托人在内的家庭成员,但委托人不得为唯一受益人。单纯以追求信托财产保值增值为主要信托目的,具有专户理财性质和资产管理属性的信托业务不属于家族信托。

64 如何通过保险金信托防范儿女挥霍?

小丽:保险金信托的概念我已经大概了解了,不过概念听起来总有点不好理解,你能不能给我举一个实例,说说保险金信托到底是怎么起作用的?

小博:好啊,我给你讲一个真实的案例,你就知道保险金信托是如何帮助我们做好传承规划的了。

▶▶▶ 专业解析

王叔叔今年 70 岁,退休多年,老伴也去世了。退休前,王叔叔是某银行的领导,退休后待遇不错,有较丰厚的退休金,衣食无忧。退休后,他换了一套面积大些的房子,准备安心养老。以王叔叔的经济状况,完全可以享受安稳的养老生活,但他总是放心不下自己的儿子。

王叔叔的儿子小王是独生子,今年 40 岁,本来有个不错的小家庭,但后来离婚了。小王和前妻育有一个女儿,离婚后由前妻抚养。多年来,小王一直不安心工作,今天喜欢汽车,明天热衷养马,还参与过投资,赔了一大笔钱。小王四处向朋友借钱,借钱后经常拖欠不还,他以前的好几位朋友都在向他讨债,甚至有人来找王叔叔,要他帮忙还小王欠的债。

王叔叔现在对儿子的态度是:这么大了,管也管不了,随他去吧,只要能保证他的基本生活就行。

这些年来，王叔叔攒了将近 1000 万元的资产，大部分都做了银行理财。最近几年银行理财产品的收益率都在下降，也不再保本了。王叔叔不愿买股票，觉得自己年龄大了，不想承受太大的风险，也没有精力去打理。

经过考虑，王叔叔用 500 万元购买了一份年金保险，自己做投保人与被保险人，并且对接了保险金信托。

下面这张图就是王叔叔的保险金信托计划的主要内容。

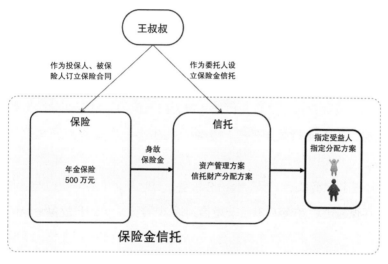

王叔叔的保险金信托计划的主要内容

在王叔叔的保险金信托计划中，他选择年金保险主要可以解决两个问题：首先，年金保险可以使王叔叔的资产保值增值。年金保险可以在保证本金安全的前提下获得长期、稳定的收益。王叔叔对资产收益率的要求不高，只要高于银行的短期存款就行，对于这一点，大部分年金保险都是可以做到的。其次，年金保险可以为王叔叔提供安全、稳健的现金流。王叔叔购买的年金保险每年可以创造20 万元左右的现金收益，如果他目前用不到这笔钱，既可以继续放在年金保险账户中增值，也可以从中拿出一部分资金来支持儿子的生活。

为什么要对接保险金信托呢？王叔叔目前是不可能把一大笔现金直接给儿子的，他主要考虑两点：一是要应对自己未来的生活，满足医疗、应急等需求，为自己的长期养老生活留足资金；二是担心儿子把这笔钱挥霍掉，这种情况不仅现在有可能发生，在他身故后也有可能发生。如果王叔叔把保险的身故受益人指定为儿子，儿子一次性获得大额身故保险金后，很有可能将其挥霍掉。

如果把这笔钱对接保险金信托，就可以解除王叔叔的这个忧虑。在王叔叔百年之后，信托公司会按照他的想法定期分配信托利益，用于支持儿子的基础生活，而不会把大笔资产一次性给儿子。

王叔叔身故后，保险公司会将至少 500 万元（如果一直未领取生存保险金，20 年后有可能增值到近 1000 万元）的身故保险金汇入信托公司。王叔叔在信托合同中对信托利益做了分配，信托受益人不仅有他的儿子，还有他的孙女。

通过下面这张表，我们来看看王叔叔是如何具体安排的。

王叔叔的信托利益分配计划

受益人	分配计划
儿子	基本生活金：届时3倍的人均年度可支配收入（以2022年北京市人均年度可支配收入为例，一年的基本生活金约为23万元）； 医疗金：为大于3万元的医疗费用提供资金支持
孙女	基本生活金：届时3倍的人均年度可支配收入； 学业支持：届时2倍的人均年度可支配收入（大学至博士期间）； 消费引导：购房支持50万元，购车支持10万元； 医疗金：为大于3万元的医疗费用提供资金支持； 紧急备用金：可申请上限为20万元的紧急备用金

通过年金保险对接保险金信托，王叔叔达到了几个目的：以年金保险进行长期投资并创造安全、稳定的现金流；既用保险金信托保证了儿子的基本生活，又不会让他把资产挥霍掉；一定程度上体现了对孙女的关怀与照顾。

在这个案例中，保险金信托充分展现了其在专业资产管理、长期事务管理、定制化传承中的优势。

▶▶▶ 延伸阅读

保险金信托一般包含以下几项对受益人的标准分配内容：

（1）基本保障：向受益人定期支付约定金额的生活费。

（2）学业支持：在受益人上学期间，每年或一次性支付约定的金额。

（3）家庭和谐：受益人结婚或生育子女时，一次性支付约定的金额。

（4）消费引导：受益人购买房屋或车辆时，一次性支付约定的金额。

（5）健康医疗：受益人罹患重大疾病时，支付一定金额的医疗费及其他支出。

（6）应急使用：可以为受益人设置限定次数及限定总金额上限的紧急备用金，用于受益人的紧急需求。

65 进行财富传承，年金保险和遗嘱各有什么优劣?

小丽：你说了年金保险在财富传承中的优势，可我知道不少人都是通过立遗嘱的方式传承财富的，这种方式不也很好吗？

小博：遗嘱也是一种很好的传承工具。在财富传承方面，它和年金保险各有优劣。我来给你简单分析一下。

▶▶▶ **专业解析**

遗嘱是在法律规定范围内，公民对其身后个人财产进行处分的一种形式。《民法典》第一千一百三十三条规定："自然人可以依照本法规定立遗嘱处分个人财产，并可以指定遗嘱执行人。"

在财富传承中，遗嘱有以下三个优势：

（1）设立相对比较简便。与设立家族信托或家族基金相比，遗嘱无须签署众多法律文件，无须进行复杂的条款设计，也无须履行烦琐的财产审查登记等程序。遗嘱的设立只需要符合《民法典》的相关规定即可。

（2）可传承多种形式的财产。几乎所有类型的财产，比如现金、股权、不动产、艺术品等，都可以通过遗嘱进行传承。理论上，只要是被继承人合法拥有的个人财产，都可以通过遗嘱进行传承。

（3）财产传承的对象范围较广。理论上，被继承人可以通过立遗嘱的方式，把财产留给自己想留给的任何人，不限于自己的法定继承人或家族成员。《民法典》第一千一百三十三条规定："自然人可以立遗嘱将个人财产赠与国家、集体或者法定继承人以外的组织、个人。"

但通过遗嘱进行传承，也存在以下不足：

（1）非专业人士订立的遗嘱，存在被判无效的风险。现实生活中，在法院受理的遗嘱继承纠纷案件中，有大量遗嘱被法院宣告无效。一旦遗嘱被认定为无效，被继承人的传承意愿就无法得到落实了。

（2）继承流程烦琐。通过遗嘱进行传承，继承人想要拿到继承的财产，需要经过一系列烦琐的流程。比如，需要选定遗产管理人；需要清算被继承人生前应承担的债务及税务；需要办理过户手续的，还要进行继承权公证、提交各种证明文件。整个流程不仅耗时长，还有可能要支付高额的费用。

（3）容易产生纠纷。遗嘱执行过程中，继承人一般需要办理继承权公证。办理继承权公证，需要全部继承人的配合，如果有任何一位继承人不予配合或有异议，公证处就会拒绝开具继承权公证书，继承程序就无法继续。此时，继承人之间就可能需要对簿公堂。

（4）私密性差。继承权公证时，需要所有法定继承人共同参与，其中也包括在遗嘱中没出现的法定继承人。遗嘱内容要对这些人公开，并且他们都要明确表示已对遗嘱内容全部知晓。传承的财产给谁，分别给多少，对所有继承人是完全透明的。

相对于遗嘱，使用年金保险进行财富传承有以下三个优点：

（1）执行简单。年金保险通过指定身故受益人的方式，可以进行财富的定向传承。一旦被保险人身故，身故受益人只要拿着身份证、与被保险人的关系证明、被保险人的死亡证明等材料，就可以到保险公司办理理赔手续，简单方便。

（2）私密性强。身故受益人办理保险理赔手续时，无须被保险人的法定继承人等其他人参与，甚至不需要让其他人知道这份保单的存在。

（3）成本较低。设立一份有效的遗嘱，可能要请一位专业律师，并支付一定的律师费。如果去做遗嘱公证，需要支付公证费。遗嘱执行过程中的继承权公证也需要支付费用。通过年金保险进行财富传承，身故受益人理赔时无须支付任何费用。

当然，通过年金保险进行财富传承，也存在着一定的局限性，主要表现在以下两个方面：

（1）不能传承非现金类的资产。年金保险只能传承现金类资产，其他类型的资产，比如房产、股票等，无法通过年金保险进行传承。

（2）对被继承人的年龄和继承人的范围有限制。很多保险产品，被保险人（被继承人）的最大年龄不能超过70岁。对于身故受益人（继承人），保险公司一般要求是被保险人的直系亲属。

在财富传承中，遗嘱和年金保险各有优劣。我们只有提前谋划、综合运用，才能更好地实现自己的传承意愿。

▶▶▶ 延伸阅读

继承人提起继承权公证申请，就是希望公证处就其享有继承权的事实进行证明，进而出具公证书；公证处的责任是经严格审查后，对真实、合法的事项出具公证书。因此，公证处会要求当事人提交相关材料供其审查，以确认待公证事项的真实性、合法性。

继承权公证中，继承人需要提交的材料主要包括：死亡证明（谁身故了）、财产信息（包括哪些遗产）、身份证件与亲属关系证明（谁是继承人）、遗嘱原件（有没有遗嘱）等。此外，如果继承人已经身故，发生代位继承，代位继承人需要提供继承人的死亡证明、身份证件、亲属关系证明等。如果继承人中有放弃继承的，还应提供放弃继承的声明书。

各地办理继承权公证所需提供的材料各有不同，办理时要以案件具体情况及公证员的要求为准。

66 年金保险传承与家族信托传承有哪些不同?

小丽:家族信托听上去不错,就是门槛有点高。

小博:的确如此。家族信托与年金保险各有特点,适用于不同的人群、财产类型,可以满足人们不同的传承需求。其实,除了门槛的高低,家族信托与年金保险在财富传承方面还有其他一些不同的地方。

▶▶▶ 专业解析

仅就传承功能而言,除了设立的门槛不同(家族信托的门槛较高,年金保险的门槛较低),两者还有以下几点不同。

1. 年金保险的设立过程更简单

家族信托的设立过程比较复杂,受托人(信托公司)需要对委托人进行一系列的尽职调查。委托人除了需要提供基本的身份信息与证明材料,还需要提供个人有效收入证明、个人有效资产证明等材料。家族信托在设立过程中,还要进行相应的合规报备,接受监管机构的审批。在设立家族信托时,受托人一般还会要求委托人的配偶签署同意函。

年金保险的投保过程非常简单,即使需要提供相关材料,与家族信托相比,也简单得多。

2. 家族信托可以传承的资产类型更多

年金保险只可以处理委托人的现金类资产。

家族信托可以装入的财产不仅限于现金类资产，股权、房产等，理论上都可以成为家族信托的信托财产。

但我国目前的信托财产登记制度还有待完善，缺乏针对家族信托的税务制度，因此目前将股权、房产等装入家族信托的流程还比较复杂，有可能需要缴纳较多税费。

3. 家族信托的资产隔离功能更强

家族财富在传承过程中需要保证资产的安全性，特别是要隔离企业经营风险、债务风险等。

年金保险在资产隔离方面的作用有限。当出现债务风险时，如果债务人是保单的投保人，法院可以对保单进行强制执行，以解除保险合同所获得的保单现金价值来清偿投保人所欠债务。如果债务人是保单的被保险人，法院可能会将保单的生存保险金用于清偿债务。

设立家族信托实际上完成了财产所有权的转移。由于信托财产已不属于委托人，所以家族信托隔离委托人债务风险的功能更强。

4. 家族信托的受益人指定范围更广

年金保险合同指定的受益人，一般要求是目前仍在世的被保险人的直系亲属，而家族信托可以指定未来可能出生的家庭成员。

5. 家族信托的利益分配方式更灵活

保险金分配的时间点只有两个：第一个是被保险人生存至某一时间点时，由生存受益人领取生存保险金；第二个是被保险人身故时，由身故受益人领取身故保险金。

家族信托的利益分配方式更为灵活。除了涵盖年金保险的分配方式，家族信托在利益分配上还体现了事务管理的概念，可以在某一事件发生时进行利益分配。比如，可以在受益人结婚、升学、生育等预先设定好的事件发生时分配，也可以在受益人发生大病、残疾、身故等事件时分配。

延伸阅读

　　家族信托可以装入的常见资产包括：

　　（1）现金。

　　（2）人寿保险赔偿金。

　　（3）股权。

　　（4）不动产。

　　（5）贵重物品。比如，珠宝、首饰、字画、黄金等。

67 为什么需要用年金保险应对资产配置中的不确定性?

小丽：昨天我听了一堂投资课，里面提到了资产配置，说很多投资大师获取长期投资收益靠的并不是投机，而是资产配置。总是听人说资产配置这个词，没想到它的作用这么大！

小博：虽然你没有意识到，但其实你一直都在做资产配置。比如，你在银行存的钱，你买的股票、基金和年金保险，都是资产配置的一部分。

小丽：等等，你说购买年金保险也是资产配置的一部分，那年金保险在资产配置中的作用是什么呢？

▶▶▶ **专业解析**

资产配置（Asset Allocation）是财富管理中的一项重要规划，是指投资者根据自己的投资目标，把资产分配在不同类别的投资产品上，比如股票、债券、基金、投资型房地产、保险、现金等。资产配置的主要目标是在获得收益的同时，有效地控制资产风险。

资产配置是一项复杂的投资管理行为，这里就不展开介绍了。我们仅就资产配置中与年金保险相关的内容做一些探讨。

资产配置的核心是应对不确定性。

健康、意外等风险就是典型的不确定的风险，而我们配置保障型保险即是对这些不确定性进行风险对冲。我们把保费交给保险公司，保险公司在被保险人出现健康、意外等风险时对其进行经济补偿，相当于我们把部分风险损失转移给了保险公司。我们在进行这种资产配置后，不用因为风险的发生而挪用其他资金，原有的投资计划不会中断。

在资产配置中，还有一个重要的不确定性，就是资产的收益率。比如，股票、基金等风险类投资产品的收益率就具有很大的不确定性。我们既要追求收益率的提升，也要承担不确定性带来的资产损失；既要考虑本金的安全，也要关注一味追求资金安全而丧失的机会成本。

不确定性无法消除，我们只能面对。资产配置是我们应对不确定性的重要方式。资产配置的具体措施，包括分散配置不同风险、不同收益级别的投资产品，分散配置同一风险、同一收益级别的不同投资产品，等等。

资产如何配置是决定投资业绩好坏的主要因素。根据"全球资产配置之父"加里·布林森的研究，大约90%的投资收益来自成功的资产配置。

年金保险是资产配置中的一个重要选项。按照时间维度，资产配置一般分为长期资产配置和短期资产配置。长期资产配置更注重产品的稳定性、安全性，而不对收益性做过高要求。年金保险在资产配置中的核心优势就是其长期、稳定、单向增值性，这些优势能极大地对冲投资过程中的不确定性。

在市场遇到极端风险，导致资产大幅缩水的情况下，年金保险仍能按照保险合同的约定返还资金，实现资产增值。因此，在我们的整体资产配置中，年金保险能够起到"稳定器"的作用。

年金保险还能够为我们提供稳定的现金流。对于风险、收益等级较高的金融产品，我们很难通过它们规划稳定的现金流。因为在我们需要动用资金时，这类金融产品可能正处于收益较低甚至亏损的状态，不适合变现。比如，很少有人会以基金分红作为日常生活费的主要来源，正是因为这类产品的现金流缺乏稳定性。而年金保险产品的现金流非常稳定，无论是生存保险金返还，还是保单贷款，都能帮助我们提升现金流规划的稳定性。

资产管理的一个核心问题是收益、现金流等的不确定性，资产配置能在一定程度上降低这种不确定性。年金保险作为一项具有高度确定性的底层资产，可以为我们的资产配置守住一条安全的底线。

▶▶▶ **延伸阅读**

2021年12月，胡润研究院发布的《2021中国高净值人群财富风险管理白皮书》显示，在家庭资产配置方面，41%的受访者认为自己是"稳健型"投资者，愿意为收益承担一定的风险，但不会在高收益吸引下尝试高风险投资；29%的受访者认为自己是"平衡型"投资者，会综合考虑风险和收益，风险承受能力适中；仅有2%的受访者自认是"激进型"投资者。

除储蓄、货币基金、短期国债等流动型金融产品外，88%的高净值人群家庭广泛配置了寿险、商业养老保险等安全型金融产品，以及股票、黄金等高回报投资型金融产品；70%的高净值人群家庭配置了重疾险、意外险等保障型金融产品；45%的高净值人群家庭在珠宝、古董、艺术品、红酒等特殊投资产品上有投入。

68 做资产配置时，如何评估自己的风险承受能力？

小丽：我去银行买理财产品时，银行工作人员会让我填写一份风险评估问卷。这个问卷是做什么用的？

小博：银行工作人员要你填写这份问卷，是因为银行要根据你的实际情况，通过专业分析，帮你认清自己的风险承受能力。在资产配置中，风险控制是最为重要的一环，但也是最不招人喜欢、容易被忽视的一环。

▶▶▶ **专业解析**

我们在做资产配置时，要想管理风险，先要理解风险。

就本质而言，风险具有损失特性和不确定性。偶发事件很多，但给我们造成损失的我们才称之为风险。风险的不确定性包括风险是否发生的不确定性、什么时候发生的不确定性、发生时会造成多大损失的不确定性，等等。风险的可怕之处就在于这三个不确定性。

因为风险不是一定会发生的，所以我们会有侥幸心理，然而，风险却可能在我们最脆弱的时候突然发生。在投资中产生的风险，有些可能只会让我们损失一部分投资收益，有些却可能会让我们损失惨重，甚至倾家荡产。

2020 年 4 月 20 日，美国 WTI 原油期货在芝加哥商品交易所最后交割价格跌至 –37.63 美元／桶，导致一些购买某银行原油理财产品的投资者出现了倒欠银行钱的状况。比如，某位投资者投入本金 388.46 万元，但总体亏损 920.7 万元，倒欠银行 532.24 万元。

在资产配置中，我们应该分清承担风险的意愿与承担风险的能力的区别。

我们来看一个真实的案例。一位 70 岁的女士从 2015 年到 2017 年一直投资基金，但长期处于亏损状态。之后，她又投资 P2P 理财产品，最终在 P2P 理财产品上亏损了将近 100 万元。她目前的收入只来自退休金，而她亏掉的几乎是自己所有的积蓄。

这位女士虽然知道投资 P2P 理财产品、基金是有很大风险的，但仍然参与投资，说明她承担风险的意愿是比较强的。但从她的年龄、收入构成、资产状况等来看，她所选择投资的产品以及投资规模与她承担风险的能力是不匹配的。

该如何评估自己承担投资风险的能力呢？我们在购买投资产品时，会填写一份由金融机构出具的风险评估问卷。问卷一般由客观题和主观题两部分组成，主要用于调查投资者承担投资风险的意愿。如果说我们承担投资风险的意愿是主观的，那我们承担投资风险的能力，有没有可能通过一套客观标准来加以评判呢？

伯顿·马尔基尔在《漫步华尔街》一书中提出了两个重要观点：

第一，我们承担风险的能力很大程度上取决于我们的非投资性收入来源。

第二，在通常情况下，我们在投资之外的赚钱能力以及相应风险承受能力与我们的年龄密切相关。

第一个观点的意思是：我们赚钱的方式分为"钱赚钱"（投资）

和"人赚钱"，我们承担投资风险的能力取决于"人赚钱"的能力。

第二个观点的意思是：随着年龄的增大，我们的收入一般会逐渐下降，承担投资风险的能力也会随之降低。

年龄较大的人在投资时一定要选择相对保守的投资策略。一旦投资产生永久性亏损，年龄较大的人要考虑自己是否还有足够的资金能够补偿损失，或者需要多长时间才能通过个人收入弥补这部分损失。

除《漫步华尔街》一书中提到的这两点外，我们在判断自己对投资风险的承受能力时，还要考虑一个因素：用于投资的这笔资金是否在确定的时间有确定的用途。如果这笔资金在某个时间点有确定的用途，比如要用于支付购房的首付款、交纳孩子的教育费用、养老、看病等，那么这笔资金承受投资风险的能力必然是弱的。

因而，在资产配置中，我们必须考虑自身的风险承受能力，而不是自己的风险承受意愿，然后再来确定我们要选择哪些风险级别、收益级别的金融产品，并按适当的比例进行配置。

在家庭资产配置中，年金保险的意义在于我们可以通过它获得无风险收益。对于家庭资产配置中年金保险配置的比例，我们应从家庭投资风险承受能力的角度，综合考虑家庭成员收入能力、年龄及资金用途等关键因素，平衡投资风险与投资收益。

▶▶▶ **延伸阅读**

在家庭资产配置中，为养老所做的资产配置的重要性一般要高于为子女教育所做的资产配置。

一般而言，孩子处于教育期时，父母正处于青壮年时期，其事业也处于上升期。无论从收入能力来看还是从年龄来看，此时父母承担投资风险的能力都处于一生中较强的阶段。因此，在孩子的教育金配置方面，可以用"基金＋年金保险"的组合方式，而且基金在其中所占比例可以大一些。

大多数进入养老阶段的人，其收入会下降，因此在家庭资产配置中，应为养老准备更多的资金。同时，进入养老阶段的人对投资风险的承受能力降低，在为养老所做的资产配置中，要优先考虑风险较低的投资产品，比如养老年金保险等。

69 如何通过年金保险隔离家庭财产与企业财产？

小丽：我父亲的公司最近经营状况不太好，虽然公司还没负债，但公司经营如履薄冰。他说自己年纪大了，眼看就要退休了，万一这时候公司欠下许多债，没准还会影响家里的生活。

小博：你父亲现在可能会面临和你前老板一样的问题，就是家庭财产和企业财产混同。关于这个问题，我先给你讲一个案例。

▶▶▶ **专业解析**

顾女士的丈夫魏先生开了一家公司，近几年，公司生意越来越难做。在公司现金流紧张的时候，魏先生曾经用家里的房产申请了抵押贷款，用以解决公司短期资金周转的问题。抵押贷款偿清后，顾女士对魏先生表示，以后不要再用家里的房产做抵押贷款用于公司经营了。

魏先生考虑通过其他方式融资。企业融资过程中，债权人经常会要求大股东对企业债务承担连带担保责任，家庭资产很容易因企业经营中的债务风险遭受损失。这让顾女士觉得很不踏实，为此还和魏先生产生了一些矛盾。

为了应对这类风险，顾女士最终选择购买了多份年金保险，总保费2500万元，分3年交清。

顾女士通过对投保人、被保险人的设置，实现了对家庭和婚姻更可靠的保护。

对于其中一份保费 1000 万元的保单，顾女士让自己的母亲做投保人，自己做被保险人，身故受益人为魏先生。顾女士将应交保费先转至她母亲的账户，再由她母亲交纳保费，这个过程魏先生是知情并同意的。

当企业发生债务风险牵连到企业主个人或家庭资产时，由于保单的所有权属于企业主的父母或配偶的父母，所以不会被法院强制执行用于偿还企业主所欠债务。也就是说，即便因企业经营出现问题，法院冻结了企业主夫妻名下的所有财产，这份保单内的资产也不会被冻结。

如果顾女士采用这种保单架构，在操作时要注意以下两点：

（1）顾女士要和魏先生提前沟通好保险方案，获得他的同意。因为年金保险的保费是顾女士转给她母亲后，由她母亲交纳的，这种行为的实质是顾女士先将她和魏先生的夫妻共同财产赠与她母亲，然后再由她母亲完成投保。如果未经魏先生同意，顾女士是没有权利这样处理夫妻共同财产的。

（2）顾女士应当让母亲针对这份保单的继承事宜订立一份遗嘱，并在遗嘱中写明："本人去世后，保单投保人的一切权益由被保险人继承。"如果没有这份遗嘱，万一顾女士的母亲不幸去世，这份保单就会被认定为顾女士母亲的遗产，由其法定继承人按法定继承规则继承。由于顾女士不是其母亲的唯一法定继承人，所以这份保单可能被其他法定继承人分割。有了这份遗嘱，就能确保顾女士的母亲百年之后，这份保单仍是顾女士的个人财产。如果保险公司可以提供第二投保人服务，顾女士也可以把自己设定为这份保单的第二投保人。

▶▶▶ **延伸阅读**

如果一份年金保险的被保险人欠债未还，年金保险的生存保险金可能被法院冻结与划扣。

保单的所有权属于投保人，如果投保人与被保险人不是同一人，比如父母是投保人，子女是被保险人，若子女负债，保单本身不会被执行。但如果债权人申请法院冻结、执行债务人（被保险人）即将获得的保险利益，法院根据债权人申请，有权对归属于被保险人（债务人）的生存保险金（及利息）等财产性权益予以冻结与划扣。

70 能用年金保险"避税"吗?

小丽:我听说年金保险能"避税",你怎么没跟我说过?

小博:其实从买年金保险的那一刻起,你就已经做出了一定的税务筹划,但说年金保险能"避税",就有点离谱了。

▶▶▶ **专业解析**

在与保险相关的税务问题中,长期存在着一些误解,比如保险能"避税",就是误解之一。

我们首先要澄清,任何以"避税"为目的的所谓设计与方案都是违法的。我们所有的讨论,都应该在法律许可的范围内。我们在买保险时,的确需要考虑税务的因素,但不能简单地说买保险能"避税"。

下面我们就来探讨一下与保险有关的三个常见税务问题。

第一,身故受益人领取的身故保险金是否应缴纳个人所得税?

《中华人民共和国个人所得税法》第四条规定,"保险赔款"免征个人所得税。也就是说,包括身故保险金在内的保险赔款,是不需要缴纳个人所得税的。

第二,年金保险的生存保险金、分红是否免征个人所得税?

一份年金保单除身故保险金外,还可能有其他保单利益,比如生存保险金、保单分红、未领生存金的利息、万能险和投资连结险的投资收益等。这些收益是否免征个人所得税呢?我国税法目前没有明确规定，在实际执行中，保险公司也并未对此代扣代缴个人所得税。

第三，个人交纳的保费是否可以税前列支？

我国目前在某些城市开展了商业健康保险的个人所得税政策试点，除购买符合规定的健康保险外，个人购买的其他人寿保险，目前不能作税前列支。在其他国家，一般也只有购买健康保险才能够享受税收优惠政策。

2018 年 4 月，财政部、税务总局等五部门联合发布通知，开展个人税收递延型商业养老保险试点。试点地区包括上海市、福建省（含厦门市）和苏州工业园区。试点政策的主要内容是，"计入个人商业养老资金账户的投资收益，暂不征收个人所得税；个人领取商业养老金时再征收个人所得税"。政策实施以来，个人税收递延型商业养老保险试点进展平稳，但业务总体资金规模不大。

2022 年财政部、税务总局发布的《关于个人养老金有关个人所得税政策的公告》规定："自 2022 年 1 月 1 日起，对个人养老金实施递延纳税优惠政策。在缴费环节，个人向个人养老金资金账户的缴费，按照 12 000 元 / 年的限额标准，在综合所得或经营所得中据实扣除。"在个人养老金账户中购买商业年金保险可以享受此税收政策。

▶▶▶ **延伸阅读**

递延纳税是什么？

按国际惯例，政府为了鼓励公众购买个人养老金，一般会出台相关的税收优惠政策，常见政策是"递延纳税"。所谓"递延纳税"，是指用于购买个人养老金的资金现在可以从应纳税的款项中扣除，当领取养老金时再缴纳相应的税款，同时还可以享受一定的税收优惠政策。从一些国家的经验来看，这类政策的出台对个人养老金的购买具有推动作用。

71 能用年金保险"避债"吗？

小丽：有人说买保险还可以"避债"，万一欠了债，不需要用保单来还债。真有这事吗？

小博：这属于典型的断章取义。我们之前聊过保险的债务隔离功能，但这和买保险能"避债"是两个意思。

▶▶▶ **专业解析**

保险能"避债"的说法，往往源自人们对以下法规的误解。
《民法典》第五百三十五条规定：

因债务人怠于行使其债权或者与该债权有关的从权利，影响债权人的到期债权实现的，债权人可以向人民法院请求以自己的名义代位行使债务人对相对人的权利，但是该权利专属于债务人自身的除外。

专属于债务人自身的债权是指基于扶养关系、抚养关系、赡养关系、继承关系产生的给付请求权和劳动报酬、退休金、养老金、抚恤金、安置费、人寿保险、人身伤害赔偿请求权等权利。

虽说如此，也不意味着保单能够独立于投保人的债务。事实上，债权人可以申请法院强制执行债务人的相关保单来偿还债务。

如果我们希望购买的保险能够隔离债务风险，必须设计适当的保单架构。以债务风险隔离为目的进行保单设计的核心，就是让债务风险较小的家庭成员作为保单的投保人。具体到年金保险中，年金保险的被保险人（生存受益人）也最好选择债务风险较小的家庭成员。

关于保单是否会因为债务被强制执行，我们来看看以下三种典型情况：

（1）债务人是投保人，投保人是夫妻中的一方，被保险人也是夫妻中的一方。比如，投保人是丈夫，丈夫给自己或妻子购买了一份年金保险。这种情况下，作为投保人的丈夫一旦欠债，这份保单是可以被法院强制执行的。

（2）债务人是投保人，投保人是夫妻中的一方，被保险人是子女。比如，母亲给子女购买了一份年金保险，希望将来一旦产生夫妻共同债务风险，这份保单可以独立于夫妻共同财产，不被法院强制执行。但在我国司法实践中，这种想法已被法院判例证明是不现实的。

我们来看一个相关案例。鲍先生为子女投保了7份人身保险，保费共计400多万元。鲍先生因欠债未还，被债权人朱某起诉至法院。朱某申请法院强制执行，将鲍先生为子女投保的7份人身保险退保，用退保获得的保单现金价值偿还鲍先生欠他的债务。最终，债权人的请求得到了法院的支持。

（3）债务人是被保险人。这种情况下，如果债务人因欠债引发法律诉讼，保单不会被法院强制执行。比如，投保人是父母，被保险人是子女。当子女出现债务纠纷时，因为保单是属于父母的资产，所以这份保单不会被强制执行。但是，如果保单有生存保险金返还，而子女是生存保险金返还的受益人，则生存保险金是可以被强制执行的。

因此，若我们有债务隔离的需求（如存在连带责任担保、家企资产混同等），应在没有债务负担的情况下，对保单进行相应的"非责"保单架构设计。我们可以考虑由父母作为投保人，避免将可能存在较高债务风险的人设置为投保人和受益人。

▶▶▶ 延伸阅读

"非责"保单架构设计是指投保时通过投保人、被保险人的选择与安排，让保单资产隔离于可能产生的财产责任、债务责任等风险。

如果投保人的身份是企业主，在投保时需要考虑通过"非责"保单架构设计来隔离企业主的债务风险。企业主的债务风险主要包括以下四种：

（1）以个人账户收取公司账款，导致家企资产混同。

（2）以个人或家庭资产为企业贷款担保。

（3）以个人或家庭资产为担保与投资方签署业绩对赌协议而可能产生的债务。

（4）吸收民间资金。

72 年金保单可以被法院强制执行吗？

小丽：照你这么说，有可能产生债务问题的家庭，在投保时确实要好好设计保单架构。但我想知道，欠债不还，保单理论上是可能被用来还债的，在司法实践中，出现这种情况的可能性大吗？

小博：这事说起来还真有点复杂，我还是给你讲一个真实的案例吧。

▶▶▶ **专业解析**

年金保险是人寿保险中的一个类型。在债务纠纷中，债务人的人寿保单是否可以被法院强制执行，相关法律并无明确规定。2020年之前，最高人民法院也没有给出过明确的意见，各省法院一般按各自理解去执行。有的地方法院明确规定，债务人的保单可以被冻结并退保（如浙江、江苏和山东等）；有的法院规定仅能冻结并处分被执行人基于保险合同享有的权益，但不能强制退保（如北京等）。2020年7月，最高人民法院的一份执行裁决书，让这个问题变得清晰了。

让最高人民法院出具"强制执行保单"裁决书的，是一个发生在江西省的案件。该案件中，债务人许某某因欠债权人的债务，导致其与其他共同债务人在金融机构的存款共计5582万余元被法院强制执行。但执行款依然不足以偿还许某某所欠债务，因此江西省高级人民法院强制执行了其名下的一份保单。这份保单以许某某本人为投保人，以其丈夫邓某为被保险人，受益人是许某某。

江西省高级人民法院认为：第一，保单是投保人的责任财产；第二，根据《最高人民法院关于人民法院民事执行中查封、扣押、冻结财产的规定》的规定，保单并非不能被冻结的财产。基于以上理由，债务人许某某名下的保单被江西省高级人民法院强制退保，退保获得的保单现金价值和红利等都被法院执行，用以偿债。

这个案件中，同时还有其他 6 份保单被强制执行，投保人和被保险人都没有异议。但许某某这份保单被法院强制执行后，许某某的丈夫，也就是该保单的被保险人邓某不服，向最高人民法院申请复议。他提出的申诉理由大致如下：

第一，许某某被法院强制执行的保单的唯一解除权属于投保人许某某，执行法院无权代替许某某解除保险合同；第二，投保人许某某对该保险合同的解除权，属于人寿保险请求权，是专属于债务人自身的权利，债权人不能代位行使许某某的保险合同解除权；第三，该保险为意外伤害、残疾保障类保险，不应被强制执行。

针对邓某提出的申诉，最高人民法院认为：第一，保单虽有保障功能，但本质上是投保人的财产；第二，保单并不具有人身依附性的专属性；第三，保单不是被执行人及其所扶养家属所必需的生活物品和生活费用；第四，保单不属于不能被强制执行的财产。因此，法院有权对保单进行强制执行。最终，最高人民法院驳回了邓某的复议请求。

最高人民法院的这份执行裁决书，明确了投保人名下的保单是可以被法院强制退保的，退保获得的保单现金价值、红利或利息等，将用以清偿投保人所欠债务。

《最高人民法院关于人民法院民事执行中查封、扣押、冻结财产的规定》第二条规定："人民法院可以查封、扣押、冻结被执行人占有的动产、登记在被执行人名下的不动产、特定动产及其他财产权。"

人身保险属于前述规定的"其他财产权",因此传统型、分红型、投资连结型、万能型人身保险,是有可能被法院查封、扣押和冻结的。

73 什么是万能账户?

小博：我们在购买年金保险时，可以开通一项附加功能。它可以和年金保险形成一个组合，起到锦上添花的作用。

小丽：什么附加功能?

小博：万能账户。

▶▶▶ **专业解析**

市场上销售的大部分年金保险产品，都会提供一项附加功能：如果保险客户不领取生存保险金、分红，它们会被转入一个万能账户，继续由保险公司打理，以实现保值增值。

下面我们以一款年金保险产品为例，说明一下万能账户的作用。某年金保险合同的部分内容见下表。

某年金保险合同的部分内容

产品名称	基本保险金额／份数	保险期间	首年保险费	交费年期
×××年金保险	143 287.01元	15年	100 000元	10年
×××（2021）终身寿险（万能型）	—	终身	100元	趸交

这份年金保险合同约定，交费期 10 年，年交保费 10 万元，保险期间 15 年。此外，这份合同的其他部分约定，在保单生效的第

5年到第9年，每年返还生存保险金10万元；第10年到第14年每年返还生存保险金71 644元；第15年返还生存保险金143 287元，保险合同终止。

这份合同中，还有一份"万能型终身寿险"，需要交纳的保费总共只有100元（用于开立万能账户的费用）。合同约定，年金保险的生存保险金或分红如不领取，会默认以"转入保费"的形式，转入这个万能型终身寿险的万能账户。

年金保险生效后第5年到第15年，每年会有持续的生存保险金返还或分红，但有些人未必从第5年开始就需要动用这些资金。这时，保险公司对这些资金的处理一般有两种方式：第一种方式，将其返还至被保险人或投保人的银行账户，由他们继续进行理财规划；第二种方式，在年金保险合同没有约定返还至被保险人或投保人的银行账户，且被保险人或投保人忘记申请领取的情况下，保险公司会对这些资金进行代管，待被保险人或投保人申请领取时再返还（有些保险公司会将这些资金产生的利息计入年金保单应返还的资金总额中）。

除了以上两种方式，有没有对生存保险金更好的打理方法呢？这就要提到万能型保险了。万能型保险又称万能险，是一种既带有保障功能，又带有投资理财功能的人身保险。上面案例给出的保险产品组合，包括一份年金保险和一份万能型终身寿险，年金保险返还的生存保险金和分红，将在默认情况下进入万能险设立的万能账户。

投保万能险后，所交保费会被分成两部分：一部分用于保险合同约定的保险保障，另一部分用于投资增值。万能险是一种较为安全的投资产品，万能账户中的本金不会受到损失，且有一定的保底收益。

万能险产品有些是偏重保障的，有些是偏重理财的。与年金保险搭配的万能险产品一般都是偏重理财的，这类万能险中的大部分资金都进入了保险公司的理财账户。

▶▶▶ 延伸阅读

万能型是我国保险行业监管机构正式确立的四种人身保险的设计类型之一。保监会发布的《人身保险公司保险条款和保险费率管理办法（2015年修订）》规定：

第十七条　人身保险的设计类型分为普通型、分红型、投资连结型、万能型等。

万能险之所以称为"万能"，在于其操作时具有相当高的灵活性，在投保以后可以调整保额、保费及交费期，确定保障与投资的比例，等等。我国的万能险的账户价值的结算利率设有最低保证利率，没有设定最高收益限制。

74 与年金保险搭配的理财型万能险有什么特点?

小丽:听你这么一说,万能险就是把年金保险返还的钱又存了一次。这个保险对投保人到底有什么好处呢?

小博:我大概总结了一下,把生存保险金和分红放到万能账户里至少有四个好处。

▶▶▶ 专业解析

万能险把年金保险返还的生存保险金和分红进行了二次投资,在确保这部分资金安全的前提下,为资金长期的保值增值提供了非常好的途径。

与年金保险组合的理财型万能险有以下四个特点。

1. 保障资金安全

年金保险的生存保险金和分红在扣除一定手续费后,进入万能险的万能账户。保险公司对这笔资金的运用需要符合监管机构的各项投资规定,以确保资金的安全。万能险的保险合同明确了保险公司能够收取的各项费用的金额或比例,约定了万能账户内资金的增值方式、最低结算利率等,合同中还有保证万能险账户价值的条款。

2. 复利增值,且有最低保证利率

万能险最重要的利益是账户价值。万能险的账户价值,指的是投保人可以从万能账户中获得的价值。万能险的保险合同写明了账户价值的增长方式是复利增值，一般而言每月计算一次复利利息。万能险保险合同明确约定了万能账户的最低保证利率，一般在1.5%~2.5%。近几年，万能账户的实际结算利率一般都在4.5%~5%。

3. 保险金领取灵活

万能险的保险金领取相对灵活。相对于年金保险，万能险的保险合同并没有关于保险金返还方式的相关约定，但合同约定可以"部分领取"保险金。当我们需要用钱时，只要申请"部分领取"，就可以从万能账户中领取保险金了。

但需要注意的是，万能险保险金领取的灵活性只是相对的，会受到一定限制。比如，在万能险保费进入万能账户后的5年内，若我们申请"部分领取"，保险公司一般会收取申请领取金额的1%~3%作为手续费。有些万能险保险合同会规定，自合同生效之日起5年内，每年"部分领取"的金额不能超过所交保费总额的20%。

4. 可以追加保费

有的万能险有"追加保费"的功能，即投保人可以通过追加保费的方式将一些资金存入万能账户。追加的保费进入万能账户时，保险公司会收取一定的初始费用。对于追加的金额及追加的规则，不同的保险公司、不同的万能险产品会有不同的规定，大家可以关注一下保险合同的具体表述。

▶▶▶ **延伸阅读**

万能险保单也可以申请保单贷款。

并不是所有的万能险保单都可以申请保单贷款，但与年金保险组合的万能险保单一般都可以申请保单贷款。万能险申请保单贷款的方式与年金保险相同，万能险的保单贷款利息也可以按日计算，随借随还。根据监管机构的规定，2016年以后购买的万能险，可以申请保单贷款的最高比例为保单账户价值的80%。

75 万能险的运作机制是什么？

小丽：我看了一下万能险的合同，里面有好多专业术语我都看不懂。你能不能简单地给我讲讲，万能险到底是怎么运作的？

小博：万能险的运作确实比较复杂。但我可以教你一句顺口溜，弄懂它你就清楚了。

▶▶▶ **专业解析**

我们可以将万能险的运作总结为一句顺口溜：三增两减价值升，交入转入费不同，短期转出要受限，五年转出成本低。

"三增两减价值升，交入转入费不同"，说的是万能险的基本运作模式。我们可以把万能险的万能账户看作一个装水的水桶，账户价值就是水桶里的水。"三增"指的是我们可以通过三种方式向水桶里注水，从而使水面上升。我们用下面这张图为大家做一个形象的说明。

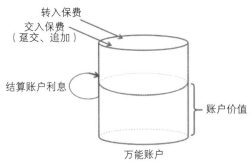

万能账户资金注入的三种方式

第一种方式是转入保费。转入保费是指不领取年金保单的生存保险金和分红，将其转入万能账户。

第二种方式是交入保费（趸交、追加）。交入保费可以使万能账户的账户价值增加。

第三种方式是结算账户利息。万能险每月进行一次利息结算，结算的利息会计入万能账户的账户价值。比如，一个万能账户在月初的账户价值是 100 万元，如果这个月的结算利率是年化 5%，月利率就是 5% 除以 12，计算结果四舍五入到小数点后四位，得到的值为 0.4167%。那么，这个万能账户 100 万元的账户价值在本月产生的利息就是 4167 元。这笔利息会在这个月的月末结算，结算后该万能账户的账户价值就由原来的 100 万元变成了 100.4167 万元。

下面这张图展示了万能账户的账户价值减少的两种情况。

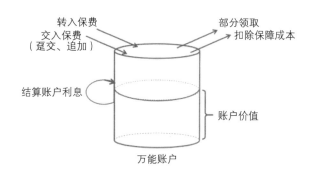

万能账户的账户价值减少的两种情况

第一种情况是部分领取。万能险的灵活之处在于，我们可以部分领取万能账户的账户价值，包括取用养老金、临时用钱等，这些领取行为都会使账户价值降低。

年金保险100问

第二种情况是扣除保障成本。尽管理财型万能险的保障功能有所弱化，但仍然负有保障责任，因此，保险公司会从万能账户的账户价值中扣除相应的保障成本。

一般来说，万能险每个月都会结算一次账户利息，扣除一次保障成本。但理财型万能险的保障成本很低，而且持有一定时间后，保障成本可能会变为零。

"交入转入费不同"，是指在保费进入万能账户的时候，保险公司会扣除一部分初始费用，但交入保费和转入保费时扣除的金额是不一样的。

我们来看下面这张图。

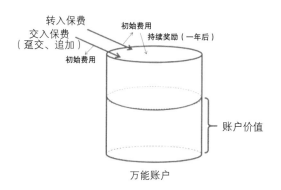

交入和转入保费时初始费用的收取

在交入保费的情况下，保险公司要先扣除所交保费总额的1%～3%作为初始费用，扣费后的剩余部分进入万能账户。这项扣除是一次性的，扣除后不会返还。

年金保单产生的生存保险金、分红等通过转入保费的方式进入万能账户时，保险公司也要一次性扣除一定的初始费用，一般是转入保费总额的 1%。大多数万能险合同会约定，一年以后，这部分扣除的费用会以账户持续奖励的方式，全额返还到万能账户。

因此，我们说对进入万能账户的保费所收取的初始费用"交入转入费不同"。

我们从万能账户转出资金时要注意"短期转出要受限，五年转出成本低"。在我们部分领取万能账户的账户价值时，前 5 年内保险公司要收取相应比例的费用，第 6 年及以后此项费用为零。

我们来看下面这张图。

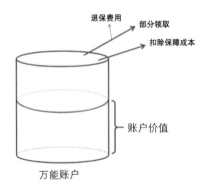

从万能账户部分领取资金时费用的收取

部分领取万能账户的账户价值相当于部分退保，这项费用在合同中叫"退保费用"。下表是某万能险退保费用收取比例的示例。我们用万能账户的账户价值减少的金额乘以相应的比例，就能得出保险公司要收取的费用。

某万能险退保费用收取比例的示例

项目	第1个保单年度	第2个保单年度	第3个保单年度	第4个保单年度	第5个保单年度	第6个及以后各保单年度
退保费用比例	3%	2%	1%	1%	1%	0

▶▶▶ **延伸阅读**

关于部分领取有以下三个注意事项：

（1）所谓部分领取，就是投保人申请领取一部分万能账户的账户价值。

（2）部分领取是投保人的权益，被保险人不可以申请部分领取。

（3）部分领取后，万能账户的账户价值会相应减少。

76 万能险的复利增值有什么优势？

小丽：听说万能险的一大优势是能够实现复利增值，那复利增值究竟有什么作用呢？

小博：千万不要小看复利增值，它的作用可不小。

▶▶▶ **专业解析**

万能账户的账户价值的复利增值特性，是很多理财产品所不具备的。

大部分理财产品都是单利增值的，比如三年期定期存款、二年期集合信托计划等，都属于单利增值的理财产品。而万能账户的账户价值大多数采用复利增值的方式，每月结算计息。假如万能账户的资金收益率是年化5%，那么在每月结算计息的复利增值机制下，一年之后账户的实际收益率将是5.12%。

我们假定某万能账户在年初的账户价值为100元，该账户的资金收益率为年化5%，按每月结算计息的复利增值方式计算该账户的资金收益，结果如下表所示。

万能账户以复利方式增值一年后的收益

月份	1	2	3	4	5	6	7	8	9	10	11	12
收益（元）	100.42	100.84	101.26	101.68	102.10	102.53	102.95	103.38	103.81	104.25	104.68	105.12

在资金年化收益率仍为 5% 的情况下，我们按照单利增值的方式再计算一下这 100 元的收入情况是：

$$100 \times （1+5\%）=105（元）$$

不难看出，在相同时间内、相同资金收益率的情况下，相对于单利增值方式，复利增值方式的收益更高。因此，万能险的复利增值特性，有利于投资者获得更高的收益。

此外，万能险的复利增值是有合同保障的，是有保底利率的，是与被保险人的生命等长的。这三个特性，使万能账户成为一个非常有价值的长期理财账户。

第一，万能账户的复利增值是有合同保障的。

以下为某万能险合同对"保单利息"的约定：

保单利息

本主险合同保险期间内，每月第 1 日为结算日，保单利息在每月结算日或本主险合同终止时结算并计入保单账户。我们按本主险合同每日 24 时的保单账户价值与日利率计算当日保单利息，并按计息天数加总得出结算时保单利息。

在结算日结算的，计息天数为本主险合同上个月的实际经过天数，日利率为公布的结算利率。

以上合同条款约定了保单利息的结算方式，即"保单利息在每月结算日或本主险合同终止时结算并计入保单账户"。

保险合同在法律层面上确保了万能账户的账户价值能够实现复利增值。

第二，万能账户的复利增值是有保底利率的。

万能险的保险合同不仅约定了复利增值的方式，还约定了最低保证利率作为万能账户的保底收益率。

按金融监管机构的要求，目前万能账户最低保证利率的上限是2%。迄今为止，绝大多数保险公司的万能账户结算利率没有低于3%的，大多数都在4%左右。

不过，在我们选择保险产品时，最低保证利率只是考量因素之一，保险产品的最终收益如何还要看实际的长期结算利率，最低保证利率高并不代表长期结算利率也高。万能账户长期结算利率稳定才是最重要的，这往往是保险公司运营状况良好，资产回报率较为稳定的表现。

第三，万能账户的复利增值是与被保险人的生命等长的。

资金复利增值的收益多少主要由两个因素决定：一是资金的收益率，二是投资的时间。

具有资金复利增值功能的金融产品，大多不会承诺保底收益，也很少有金融产品可以给予投资者长期的复利增值收益。万能险的合同不仅约定了复利增值的保底利率，在具有终身保障功能的万能险中，还约定了这种复利增值将伴随被保险人终身。万能账户复利增值的这种长期性，不仅让账户内的资金有足够长的时间进行复利增值，也为被保险人提供了与其生命等长的资金储备。

万能账户最低保证利率的相关规定如下：

2015 年，保监会发布《万能保险精算规定》，允许保险公司自行决定万能险的最低保证利率。同时规定，最低保证利率不高于评估利率上限的保险产品，报保监会备案即可；最低保证利率高于评估利率上限的，须报保监会审批。

77 万能险为什么有许多限制?

小丽:万能险是个很好的险种,可是很多万能险都有 5 年后才能返还保险金的合同约定,并且返还的金额还要受到控制。这是为什么呢?

小博:万能险确实有很多限制。监管机构做这些限制,是为了保证投保人的利益。

▶▶▶ **专业解析**

万能险因其交费灵活、领取方便、保额可变、安全稳健、兼具理财功能等特性,受到很多人的关注。但万能账户的持有人可能会发现,万能险在购买、领取、退出等方面有许多限制。这是为什么呢?

究其根源,这是我国的金融监管机构为了控制万能险的风险,维护投保人的利益而采取的措施。

万能险产品因为具有相当高的灵活性与复杂性,在我国保险市场上出现的时间又较短,一度造成个别资本乱象。

2012 年,保险资金投资领域开放,一些中小型保险公司为快速提升保费规模,纷纷聚焦于万能险,希望通过万能险的销售实现企业高速发展、弯道超车。

当时很多保险公司推出的万能险产品投资收益高、投资期限短,资金存取灵活,还有法律法规保障资金的安全性。据某保险公司 2015 年披露的万能险结算利率公告可知，该公司 36 款在售的万能险产品中，有 25 款的年利率超过 6%，最高年利率达 7.45%，这对于保险客户而言有着非常大的吸引力。

2016 年 1 月到 10 月，该公司来源于寿险、重疾险、意外险、医疗险等传统保险产品的保费收入仅为 178.14 亿元，而来源于万能险、投连险的新增保费收入则高达 721.42 亿元。

为了让企业快速扩张，实现资本利益的最大化，一些中小型保险公司借助万能险的销售使公司的保费收入大幅增加后，将这些保费收入中的大部分用于购买上市公司的股份，通过资本运作获取巨额利润。

从 2013 年开始，一些保险公司频频收购上市公司的股份，低估值蓝筹股成为其主要收购对象，甚至一些房地产行业的龙头企业也成为其收购对象。这些保险公司收购上市公司股份的资金，主要就来源于万能险的保费收入。

中小型保险公司的这些行为给保险行业的健康发展埋下了隐患。万能险产品过高的收益率，给保险资金的投资带来了非常大的压力。同时，保险资金在资本利益的驱动下收购上市公司，可能会扰乱我国资本市场的正常秩序。

因此，2016 年保监会密集出台了多个文件，对万能险的规模、经营管理等进行了限制和规范。

2016 年 12 月，保监会下发监管函，针对万能险业务存在问题，且整改不到位的某保险公司，采取停止其开展万能险新业务的监管措施。此外，保监会还叫停了六家保险公司的互联网渠道保险业务。

2017 年，保监会发布《中国保监会关于规范人身保险公司产品开发设计行为的通知》，对万能险的产品设计做出严格限制。自此，我国万能险业务逐渐回归到理性发展的通道。

对于年金保险与万能险的产品组合，目前主要的监管措施包括以下三项：

（1）年金保险与万能险形成保险产品组合的情况下，年金保单的首次生存保险金给付应在保单生效满 5 年之后，且年金保单每年给付的生存保险金及万能险保单部分领取的比例不得超过已交保费的 20%。

（2）万能险不能作为年金保险的附加险存在。

（3）保费转入万能账户时，保险公司需要收取初始费用；万能险保单在 5 年之内退保、部分领取，需要收取手续费。这些规定都是为了增加万能险短期资金进出的成本。

除此以外，相关监管规定对万能险的预定收益率、保险期限、短期退保、部分领取等也做了诸多限制。

监管机构针对万能险出台的各项规定与限制，是为了引导万能险长期健康地发展，也是为了保护保险消费者的利益。

▶▶▶ 延伸阅读

2016 年，保监会连续出台了《中国保监会关于规范中短存续期人身保险产品有关事项的通知》《中国保监会关于进一步完善人身保险精算制度有关事项的通知》，明确要求下调万能险责任准备金评估利率，并且要求各家保险公司中短存续期的万能险业务额占全部万能险业务额的比例在 2019 年不得超过 50%，2020 年不得超过 40%，2021 年不得超过 30%。

所谓"中短存续期产品"，银保监会发布的《中国银保监会办公厅关于规范两全保险产品有关问题的通知》是这样定义的：

本通知所称中短存续期产品是指前 4 个保单年度中任一保单年度末保单现金价值（账户价值）与累计生存保险金之和超过累计所缴保费，且预期该产品 60% 以上的保单存续时间不满 5 年的人身保险产品。投资连结保险产品、变额年金保险产品除外。

对于中短续存期的万能险产品，我们也可以简单理解为保险公司承诺的短期利益较高、存续时间低于 5 年的保险产品。

78 关于万能账户，有什么需要注意的问题吗？

小丽：对于万能账户，我还有些小问题想向你请教。

小博：你请问。

▶▶▶ **专业解析**

问：万能账户追加保费的限制额度是多少？

答：万能账户有"追加保费"的功能。对于与年金保险组合的万能险，保险公司一般会限制追加保费的额度。具体限制的额度各家保险公司不太一样，有些以年金保险应交纳的保费总额，或应交纳保费总额的 2 ~ 3 倍为万能账户追加保费的上限；有些则设置了一个固定的额度，比如 300 万元，为追加保费的上限。

问：万能账户的部分领取有限额吗？

答："年金保险 + 万能险"的产品组合所搭配的万能账户有两种类型：一种是年金型万能账户，另一种是终身寿险型万能账户（这两种类型从万能账户的产品名称中就可以看出来）。年金型万能账户的部分领取有限额，每年部分领取的金额不得超过进入万能账户的总保费的 20%，而终身寿险型万能账户没有限额。

也就是说，年金型万能账户内的全部账户价值，至少要经过 5 年的时间才能全部领取完。当然，如果我们希望通过年金型万能账户规划养老长期现金流，这个限制没有太大影响。如果我们确实需要领取万能账户内的全部账户价值，可以通过退保来实现。

问：增加万能账户对身体健康状况有要求吗？

答：大多数年金保险产品的核保标准比较宽松。有些年金保险产品在核保时，对罹患过重大疾病，比如恶性肿瘤的被保险人都可以承保。在"年金保险＋万能险"的产品组合中，万能险的核保政策比年金保险要严格。因此，有可能出现年金保险可以承保、万能险拒绝承保的情况。

▶▶▶ 延伸阅读

万能险监管再趋严格。

2021年10月，银保监会向经营人身保险产品的保险公司下发了《万能型人身保险管理办法（征求意见稿）》，对万能险的经营管理、产品管理、销售管理等十个方面的问题提出了新的管理办法。

在万能险销售管理方面，该文件中要求保险公司应当规范销售行为，不得损害消费者合法权益。

在万能险销售人员管理方面，该文件要求保险公司加强对销售人员岗前培训和后续教育，确保销售人员全面、准确地理解万能险产品。销售万能险的销售人员，应当具有1年以上保险销售经验，并无不良记录；接受过必要的专项培训，并通过专项测试；此外，还要符合银保监会要求的其他条件。

保险公司在销售万能险产品时，应当向投保人告知万能险最低保证利率之上的利益是不确定的，不得对不确定的保险利益承诺保证，不得给予或承诺给予保险合同约定以外的其他利益。

Chapter

5

第五章

一

投保实务

79 买年金保险，对投保人、被保险人有什么要求？

小丽：听你讲了这么多关于年金保险的知识，其中投保人、被保险人的称呼出现了好多次。我有点好奇，当我们购买一份保险时，保险公司对投保人、被保险人有什么要求吗？

小博：投保人、被保险人是保险中的核心概念。我国的《保险法》和保险公司的规定，对投保人和被保险人是有一些特殊要求的。

▶▶▶ **专业解析**

投保人是与保险公司订立保险合同的人，也是负有交纳保费义务的人。投保人要求是有交费能力的完全民事行为能力人。

被保险人是保险的承保对象，享有保险金的请求权。被保险人可以是成年人，也可以是未成年人。如果被保险人是未成年人，一般来说，须由其父母或监护人投保。

我国《保险法》规定，投保人和被保险人必须存在保险利益。什么样的情况可以算作有保险利益呢？根据《保险法》的规定和保险公司的运营实践，投保人对以下四类人员具有保险利益，可以为他们投保：

（1）本人；

（2）配偶、子女、父母；

（3）前项以外与投保人有抚养、赡养或者扶养关系的家庭其他成员、近亲属；

（4）与投保人有劳动关系的劳动者。

个人投保年金保险时，一般不存在第四种情况。年金保险的投保人要么就是被保险人本人，要么与被保险人有亲属关系。

投保人可以解除保险合同，即退保。投保人退保不需要被保险人知情或同意。

在人身保险中（团体保险除外），被保险人是不可以变更的。这是因为保险标的是被保险人的生命或身体。年金保险属于人身保险，因此年金保单的被保险人不能变更。

投保人是可以变更的。一般情况下，投保人可以自行决定变更投保人，除非在以死亡为给付条件的保险合同中，变更投保人才需要被保险人的同意。同样，新投保人与被保险人须存在保险利益。而且，变更投保人时，需要经过保险公司的审核与同意。

▶▶▶ 延伸阅读

变更年金保险的投保人一般需要备妥如下材料，向保险公司提出申请：

（1）保险合同变更申请书；

（2）原投保人、新投保人身份证明原件；

（3）新投保人健康告知书（如保单责任中含有投保人保险责任）；

（4）保单正本（或电子保单）；

（5）如原投保人身故，还需提供原投保人死亡证明等材料。

80 投保人提前身故了怎么办？

小丽：投保人是交保费的人，如果投保人还没交完保费就不幸身故了，这份保单该怎么处理？没人交费，保单是不是就作废了？之前的钱是不是就白交了？

小博：你不用担心，这种情况保险公司早就考虑到了。

▶▶▶ **专业解析**

保单有效期内，如果投保人身故，保费尚未交完，则可以变更投保人，由新的投保人交纳续期保费。如果应交保费长时间未交，达到一定时限，保单就会失效。如果保单的保费已全部交完，那么无论是否变更投保人，保单都仍然有效。

保单的所有权属于投保人，包括保单的现金价值、账户价值、分红等都属于投保人。投保人身故时，保单会成为投保人的遗产。如果存在有效遗嘱，则保单的所有权将属于遗嘱中指定的继承人；否则，保单将按法定继承顺序由投保人的法定继承人继承。《民法典》第一千一百二十七条规定：

遗产按照下列顺序继承：

（一）第一顺序：配偶、子女、父母；

（二）第二顺序：兄弟姐妹、祖父母、外祖父母。

继承开始后，由第一顺序继承人继承，第二顺序继承人不继承；没有第一顺序继承人继承的，由第二顺序继承人继承。

保单是比较特殊的遗产，投保时投保人和被保险人一般存在保险利益，比如夫妻、父子等关系。投保人去世时保险合同仍未终止，意味着被保险人依旧在世，而被保险人一般都是投保人的第一顺序继承人。所以在实践中，一般不会出现保单由第二顺序继承人继承的情况。

投保人身故后的投保人变更程序，与投保人正常进行的变更程序有所不同。在保单通过法定继承程序进行继承的情况下，原投保人的所有法定继承人需要书面委托其中一名代表亲自办理。办理时除了要提供投保人变更所需材料，办理人还要提供原投保人的死亡证明，所有第一顺序继承人的授权委托书和自己的有效身份证件，以及自己与原投保人的关系证明。若第一顺序继承人中有人已身故，还要提供该人的死亡证明；无法提供死亡证明的，须由其他继承人共同发表声明，证明该人已身故。

▶▶▶ 延伸阅读

有投保人豁免功能的保单，在变更投保人时有一些特殊要求。

带有投保人豁免功能的保单在变更投保人时，有两种方式：第一种方式是将原保单的投保人豁免功能去除，也就是单独退保保单的投保人豁免附加险；第二种方式是保留投保人豁免功能，但新的投保人必须符合保险公司的健康告知要求。

81 年金保险中，指定身故受益人为何特别重要?

小博：有件事我必须提醒你，在订立年金保险合同时，身故受益人是一个非常重要的角色，一定要指定好。

小丽：为什么身故受益人特别重要? 他和领取生存保险金的受益人有什么区别呢?

▶▶▶ **专业解析**

年金保险中的保险受益人，是指保险合同中由被保险人或者投保人指定的有保险金请求权的人。保险受益人又分为生存受益人和身故受益人。

年金保险的生存受益人一般就是被保险人。年金保险可以指定身故受益人，如果没有指定身故受益人，则身故保险金将成为被保险人的遗产。被保险人的法定继承人同时也是身故保险金的法定受益人，被保险人所有在世的法定继承人平均享有身故保险金的受益权。如果被保险人订立过遗嘱，则由遗嘱中指定的继承人享有身故保险金的受益权。

如果没有特殊情况，投保人或被保险人一定要在保单中指定身故受益人，否则理赔时会比较麻烦。在实践中，如果保单未指定身故受益人，被保险人也未订立过遗嘱，则理赔时被保险人的所有法定继承人都需要参与。即使法定继承人放弃领取身故保险金，也须书面填写相关声明。如果被保险人有多个子女，则保险理赔过程会更加复杂，需要所有法定继承人一起到保险公司，提供全体法定继承人的身份证、户口本、亲属关系证明、婚姻状况证明和遗留的财产证明等一系列证明文件。更重要的是，所有法定继承人平均分配身故保险金，未必符合投保人、被保险人的意愿。

如果保单指定了身故受益人，理赔时就非常简单了。只要保单指定的身故受益人到保险公司申请理赔，提交相关材料即可。

保单的身故受益人可以指定为多个人。当身故受益人有两个或两个以上时，可以设定受益人按照一定顺序受益。需要注意的是，只有顺序在前的受益人已身故或已放弃身故保险金受益权的情况下，顺序在后的受益人才能领取身故保险金。

每一受益顺序内，也可以指定多个受益人，这些受益人可以按照设定好的受益比例领取身故保险金。

比如，身故受益人可以按如下方式指定：

第一顺序受益人：被保险人的配偶（受益比例 100%）；第二顺序受益人：被保险人的母亲（受益比例 20%）、被保险人的儿子（受益比例 40%）、被保险人的女儿（受益比例 40%）。

▶▶▶ 延伸阅读

年金保险是有理赔时效的。

保险理赔必须在理赔时效内提出，超过时效，被保险人或身故受益人不向保险公司提出理赔，不提供必要单据和证明，不领取保险金，将被视为放弃保险理赔权利。

年金保险的身故受益人向保险公司请求给付身故保险金的理赔时效是 5 年，自其知道或应该知道保险事故发生之日起计算。

82 年金保险中的身故受益人能否变更?

小丽：我给自己买年金保险时，指定的身故受益人是我老公，我现在想把身故受益人改成我儿子，可以吗?

小博：没问题。年金保险中的身故受益人可以变更，而且非常方便。

▶▶▶ **专业解析**

保单相当于一份"天然遗嘱"，具有很强的法律效力。

一份年金保单可以随时变更身故受益人，而且变更时保险公司不会收取费用，也没有变更次数的限制。

保单身故受益人的变更应由被保险人或投保人以书面形式向保险公司提出申请。一般需要以下材料：保全申请书、被保险人身份证、身故受益人身份证、被保险人与身故受益人的关系证明等。

当然，不同保险公司对于变更身故受益人的要求与流程不尽相同。

需要强调的是，身故受益人的变更必须经被保险人同意。

《保险法》中有关受益人变更的规定如下：

第四十一条 被保险人或者投保人可以变更受益人并书面通知保险人。保险人收到变更受益人的书面通知后，应当在保险单或者其他保险凭证上批注或者附贴批单。

投保人变更受益人时须经被保险人同意。

以上法条意味着，在投保人、被保险人不是同一个人的情况下，投保人不能自行决定变更身故受益人，被保险人可以自行决定变更身故受益人。但在实际操作过程中，保险公司一般会要求投保人和被保险人共同同意，才可以做身故受益人的变更。

▶▶▶ **延伸阅读**

受益人先于被保险人死亡，而保单未能及时变更受益人的情况下，身故保险金将作为被保险人的遗产进行分配。

《保险法》第四十二条规定如下：

被保险人死亡后，有下列情形之一的，保险金作为被保险人的遗产，由保险人依照《中华人民共和国继承法》[①] 的规定履行给付保险金的义务：

（一）没有指定受益人，或者受益人指定不明无法确定的；

（二）受益人先于被保险人死亡，没有其他受益人的；

（三）受益人依法丧失受益权或者放弃受益权，没有其他受益人的。

受益人与被保险人在同一事件中死亡，且不能确定死亡先后顺序的，推定受益人死亡在先。

---

① 《中华人民共和国继承法》已于2021年1月1日废止，相关遗产继承应依照《民法典》的遗产继承规定。此处《保险法》尚未做修订。

83 年金保险中的身故受益人可以是朋友吗？

小丽：我知道有些人并没有在身后把自己的财产留给亲人，而是通过遗赠的方式留给了朋友，那年金保险的身故受益人是不是也可以指定为没有亲属关系的人呢？

小博：这个问题要分两个方面来看：一是朋友能不能做年金保险的身故受益人；二是在实践中指定朋友做年金保险的身故受益人会遇到哪些问题。

▶▶▶ **专业解析**

我们投保人身保险，在指定身故受益人时，需要告知保险公司身故受益人与被保险人的关系。投保人或被保险人在指定身故受益人时，一般会指定父母、子女等有血缘关系的人。但有些投保人或被保险人可能想要指定一个没有血缘关系的人做身故受益人，比如男女朋友之间，在尚未登记结婚之前，想在自己做被保险人的保单中，把身故受益人指定为对方。那么，投保人或被保险人是否可以把朋友指定为保险的身故受益人呢？

《保险法》规定：

第十八条　受益人是指人身保险合同中由被保险人或者投保人指定的享有保险金请求权的人。投保人、被保险人可以为受益人。

《保险法》只规定了谁可以做受益人，受益人由谁指定，并没有规定什么人不可以做受益人。既然《保险法》没有规定朋友不能做受益人，那么身故受益人就可以指定为朋友。

在投保实务中，如果指定某位朋友为身故受益人，保险公司的投保流程会和一般流程有所不同。人身保险本身非常重视规避道德风险，如果投保人、被保险人指定朋友为身故受益人，保险公司一般会进行契约调查，并进行较为严格的审核。

在保单有效期内，也可以把身故受益人变更为朋友。被保险人可以申请变更身故受益人，投保人也可以申请变更身故受益人。但如果投保人、被保险人不是同一个人，投保人申请变更身故受益人时，须得到被保险人的同意。

指定朋友为身故受益人，保险理赔的流程与一般理赔的流程差异不大。通常情况下，身故受益人在申请领取身故保险金时，必须提供与被保险人的关系证明；但身故受益人是朋友时，无须提供相关证明。

我们还要注意保险理赔中的一个问题。保险合同会约定理赔的流程和所需要的材料，其中有一个必备材料为"国家卫生行政部门认定的医疗机构、公安部门或其他相关机构出具的被保险人的死亡证明"。

被保险人的朋友是否可以轻易拿到被保险人的死亡证明呢？我们要考虑到，这份保单的存在，使被保险人的朋友与被保险人的法定继承人之间，产生了利益冲突。

所以我们想要指定朋友做保单的身故受益人，虽然在法律上是没有障碍的，但在理赔实践中，可能会遇到一定的困难。

关于保险公司对保险理赔申请的核定期限，《保险法》有明确规定：

第二十三条　保险人收到被保险人或者受益人的赔偿或者给付保险金的请求后，应当及时作出核定；情形复杂的，应当在三十日内作出核定，但合同另有约定的除外。保险人应当将核定结果通知被保险人或者受益人；对属于保险责任的，在与被保险人或者受益人达成赔偿或者给付保险金的协议后十日内，履行赔偿或者给付保险金义务。

第二十四条　保险人依照本法第二十三条的规定作出核定后，对不属于保险责任的，应当自作出核定之日起三日内向被保险人或者受益人发出拒绝赔偿或者拒绝给付保险金通知书，并说明理由。

84 离婚了，年金保险的身故保险金还会赔给前夫吗？

小丽：我的同事小李最近离婚了。我提醒她，如果她原来投保的年金保险指定的身故受益人是她前夫，要记得变更身故受益人。我这个提醒对吧？

小博：你这个提醒很有必要，点赞！

小丽：我还想问一下，如果她没有更改身故受益人，万一她身故了，身故保险金会被他前夫领走吗？

▶▶▶ 专业解析

被保险人出险后，身故受益人申请身故保险金时，保险公司要确认保险事故发生时，身故受益人与被保险人的关系是否与保单所登记的关系一致。

在婚内投保，身故受益人通常会被指定为配偶。假如二人离婚了，且没有更改身故受益人，那么被保险人一旦身故，身故保险金会赔付给前夫或前妻吗？

《最高人民法院关于适用〈中华人民共和国保险法〉若干问题的解释（三）》第九条规定：

（二）受益人仅约定为身份关系，投保人与被保险人为同一主体的，根据保险事故发生时与被保险人的身份关系确定受益人；投保人与被保险人为不同主体的，根据保险合同成立时与被保险人的

身份关系确定受益人;

（三）约定的受益人包括姓名和身份关系，保险事故发生时身份关系发生变化的，认定为未指定受益人。

现在的保险公司，一般都会要求被保险人或者投保人写明身故受益人的姓名及其与被保险人的关系。在这种情况下，假如小李在保险事故发生之前已离婚，身故受益人又没有变更，那么应认定保单未指定受益人。此时，小李的身故保险金将作为小李的遗产，由小李的法定继承人继承。

▶▶▶ 延伸阅读

被保险人与身故受益人是未进行合法婚姻登记的情侣，保险合同中被保险人与身故受益人关系一栏中却标明"夫妻"，也会造成身故受益人申请身故保险金时被保险公司拒赔的情况。

周先生与原配妻子感情不和，但并未办理离婚手续。周先生长期与王女士生活在一起，所以将自己的一份年金保单的身故受益人指定为王女士。周先生不幸发生交通事故身故后，王女士去申请理赔，保险公司却拒赔，原因是周先生在指定身故受益人时写的虽然是王女士的名字，但身故受益人与被保险人关系一栏写的是"夫妻"。王女士与周先生并非夫妻关系，因此保险公司拒绝将身故保险金付给王女士，这笔身故保险金将成为周先生的遗产。

85 爷爷可以给孙子投保年金保险吗?

小丽:我公公一直想给我儿子买年金保险,说这是他给孙子的一份礼物。保险公司允许爷爷给孙子投保吗?

小博:你说的这个叫"隔代投保",不能简单地说行或不行。

小丽:这是什么意思?

▶▶▶ 专业解析

对于"爷爷可以给孙子投保年金保险吗?"这个问题,当然还包括能否为孙子女、外孙子女投保,我们先给出结论:爷爷是可以给孙辈投保的,但要在孙辈年满8周岁以后。

一般情况下,隔代投保有三条规则:

(1)如果孙辈已经成年,即已年满18周岁,无须其父母同意,祖父母或外祖父母就可以为其投保。

(2)除非祖父母或外祖父母是孙辈的法定监护人,否则祖父母或外祖父母不可以给未满8周岁的孙辈投保。

(3)孙辈年满8周岁,祖父母或外祖父母给孙辈投保,需要经孙辈的父母同意。

以上规则看起来可能有点复杂,我们从相关法律法规说起。

人身保险合同要求投保人、被保险人具有保险利益关系。《保险法》第三十一条规定:

投保人对下列人员具有保险利益：

（一）本人；

（二）配偶、子女、父母；

（三）前项以外与投保人有抚养、赡养或者扶养关系的家庭其他成员、近亲属；

（四）与投保人有劳动关系的劳动者。

除前款规定外，被保险人同意投保人为其订立合同的，视为投保人对被保险人具有保险利益。

订立合同时，投保人对被保险人不具有保险利益的，合同无效。

根据《保险法》的规定，祖父母或外祖父母给孙辈投保，符合"被保险人同意投保人为其订立合同的，视为投保人对被保险人具有保险利益"这一条件，是有效的保险合同。

那么，既然"被保险人同意"是关键，那么未成年人是否可以作为被保险人表示同意订立保险合同呢？

我们来看《保险法》中的相关规定：

第三十三条　投保人不得为无民事行为能力人投保以死亡为给付保险金条件的人身保险，保险人也不得承保。

父母为其未成年子女投保的人身保险，不受前款规定限制。但是，因被保险人死亡给付的保险金总和不得超过国务院保险监督管理机构规定的限额。

《最高人民法院关于适用〈中华人民共和国保险法〉若干问题的解释（三）》规定：

第六条　未成年人父母之外的其他履行监护职责的人为未成年人订立以死亡为给付保险金条件的合同，当事人主张参照保险法第三十三条第二款、第三十四条第三款的规定认定该合同有效的，人民法院不予支持，但经未成年人父母同意的除外。

根据以上法条的规定，只要父母同意，祖父母或外祖父母给未成年的孙辈买保险是没有问题的。不过，通常情况下年金保险有"以死亡为给付保险金条件"的合同条款，而不满8周岁的未成年人属于法律规定的"无民事行为能力人"，根据前面提到的《保险法》第三十三条的规定，"投保人不得为无民事行为能力人投保以死亡为给付保险金条件的人身保险"，所以祖父母或外祖父母是不可以为8周岁以下的孙辈投保年金保险的。

在投保实务中，不同保险公司对隔代投保的要求差异比较大，投保流程也有所不同。比如，有些保险公司在被保险人10~17周岁的情况下，可以隔代投保，但是须经被保险人的监护人书面同意；有些保险公司在隔代投保的累计保费大于一定额度时，会要求提供投保人和被保险人的关系证明，等等。

▶▶▶ **延伸阅读**

《民法典》对"无民事行为能力人"的规定如下：

第十八条　成年人为完全民事行为能力人，可以独立实施民事法律行为。

十六周岁以上的未成年人，以自己的劳动收入为主要生活来源的，视为完全民事行为能力人。

第十九条　八周岁以上的未成年人为限制民事行为能力人，实施民事法律行为由其法定代理人代理或者经其法定代理人同意、追认；但是，可以独立实施纯获利益的民事法律行为或者与其年龄、智力相适应的民事法律行为。

第二十条　不满八周岁的未成年人为无民事行为能力人，由其法定代理人代理实施民事法律行为。

86 年金保险中的身故受益人可以是孙子吗？

　　小丽：原来爷爷给孙子投保有这么多讲究，那如果爷爷给自己买一份年金保险，可以指定孙子为身故受益人吗？是不是也有一些要求？

　　小博：爷爷可以指定孙子为身故受益人，不过在实操中，我们要注意不同保险公司的具体规定和要求。

▶▶▶ 专业解析

　　在养老年金保险的规划中，通常会涉及指定保险身故受益人。年金保险中的身故受益人通常会被指定为被保险人的父母、配偶或子女。如果被保险人年龄比较大，其子女已经成年，不需要被保险人的照顾，或者出于其他原因，被保险人或者投保人可能会想把身故保险金传给孙辈。

　　《保险法》规定，"受益人是指人身保险合同中由被保险人或者投保人指定的享有保险金请求权的人"，并没有规定保险的身故受益人不可以指定为孙子女或外孙子女，因此年金保险的身故受益人是可以指定为孙子女或外孙子女的。

　　但在实操中，我们需要注意一个问题。有些保险公司要求客户在投保时，必须指定身故受益人为法定第一顺序受益人（父母、配偶、子女），如果指定身故受益人为孙子女或外孙子女，则要履行比较复杂的手续。

如果我们希望指定孙子女或外孙子女为身故受益人，可以在保险公司承保后，做一次"变更受益人"的操作，其手续通常会简单一些。

▶▶▶ **延伸阅读**

实务中，变更受益人一般需要提供如下材料：

（1）投保人和被保险人同意并签名的保全申请书；

（2）被保险人的有效身份证件；

（3）新受益人的有效身份证件；

（4）被保险人和新受益人的有效关系证明（如户口本等）。

87 我有高血压、糖尿病，能买年金保险吗?

小丽：我婆婆年纪大了，身体不好，有高血压和糖尿病，天天药不离口。上次她想购买一份百万医疗险，因为身体原因被保险公司拒保了。年金保险不是相当于存钱的保险吗，她要是给自己投保年金保险，应该不会被拒保吧?

小博：这个还真不一定。

▶▶▶ **专业解析**

"我有糖尿病，能买年金保险吗?"

"我有高血压，买年金保险需要告知吗?"

"我买年金保险也需要做健康告知吗?"

很多人在考虑投保年金保险时，可能会有类似的疑问。

我们先说结论：投保年金保险时，投保人须对被保险人的身体健康状况做如实告知，投保年金保险也有可能因被保险人身体状况不符合保险公司的要求而被拒保。

年金保险对被保险人健康状况的要求比较宽松。一般来说，大部分人的身体状况都能够符合投保年金保险的要求。但如果被保险人健康状况非常差，比如患有精神类疾病、恶性肿瘤等，保险公司也是会拒保的。

有些人觉得，只要没有特别严重的疾病，投保年金保险时就不用履行如实告知义务了。实际上，如实告知是投保人在与保险公司订立合同时必须履行的基本法定义务。投保年金保险也一样。在投保过程中，针对保险公司问到的每一个问题，包括健康告知类问题，投保人都要根据实际情况如实告知。

有些人因为有高血压，被保险公司要求增加保费，或者被拒保，觉得很不理解。但对于保险公司而言，核保是一项复杂、严谨的风险管理工作，保险公司会按照内部的标准，针对某一具体产品制定有针对性的核保政策。有些我们认为的"小毛病"，在保险公司看来，却是不能忽视的风险。临床医学针对的是目前或 3～5 年内我们身体的问题，给出"有病"或"没病"的结论。而核保医学关注的是未来 30～50 年内，被保险人的生命与健康风险有多大，根据预测结果给出"标准体""次标准体"等结论，再以此作为核保的依据。因此，如果我们身体有些"小毛病"，在投保年金保险时被加费、被拒保，是正常情况。

如果我们对核保结果有异议，可以向保险公司说明情况、提供证据，与保险公司协商，在投保审核阶段改变核保结果也是有可能的。

▶▶▶ 延伸阅读

关于投保人的如实告知义务，《保险法》第十六条规定如下：

订立保险合同，保险人就保险标的或者被保险人的有关情况提出询问的，投保人应当如实告知。

投保人故意或者因重大过失未履行前款规定的如实告知义务，足以影响保险人决定是否同意承保或者提高保险费率的，保险人有权解除合同。

前款规定的合同解除权，自保险人知道有解除事由之日起，超过三十日不行使而消灭。自合同成立之日起超过二年的，保险人不得解除合同；发生保险事故的，保险人应当承担赔偿或者给付保险金的责任。

投保人故意不履行如实告知义务的，保险人对于合同解除前发生的保险事故，不承担赔偿或者给付保险金的责任，并不退还保险费。

投保人因重大过失未履行如实告知义务，对保险事故的发生有严重影响的，保险人对于合同解除前发生的保险事故，不承担赔偿或者给付保险金的责任，但应当退还保险费。

保险人在合同订立时已经知道投保人未如实告知的情况的，保险人不得解除合同；发生保险事故的，保险人应当承担赔偿或者给付保险金的责任。

保险事故是指保险合同约定的保险责任范围内的事故。

88 如果没钱交保费了，该怎么办?

小丽：我有一份 10 年期交的年金保险，假如这 10 年中我一时交不上保费该怎么办? 听说交不上保费会有损失，你有办法可以尽量减少损失吗?

小博：如果出现没钱交保费的情况，我这里有一套"组合拳"，可以供你参考。

▶▶▶ **专业解析**

年金保险的交费期一般为 3 年、5 年、10 年，有的会长达 20 年。在交费期内，投保人可能会遇到因资金紧张而没钱交保费的情况。这时该怎么办呢?

很多人的第一反应是退保，结束保险合同。但保单在交费期内退保一般会产生一定的损失，而且退保会中断我们之前所做的规划，所以退保属于下策，应该是最后的选择。

还有没有其他解决方法呢? 在这里，我给大家提供六种方案。

1. 利用宽限期

保险合同一般都会约定交费宽限期，通常为 60 天。从保单应当交纳续期保费之日起计算，如果投保人能在 60 天内交纳续期保费，则保险责任不会中断，也不会有任何后续影响。

2. 申请保单贷款

目前大部分保单都有保单贷款功能，如果投保人能够贷款的资金金额大于应交纳的续期保费，就可以利用保单贷款功能，将贷款所得资金用于交纳保费。

保单贷款会产生相应的利息成本。但目前保单贷款的成本比多数融资方式的成本低，年化利率一般在 5% 左右，而且支持随时还款，按天计息。

3. 申请减额交清

减额交清指的是指我们可以向保险公司提出申请，要求不再交纳保单的余期保费，而保单继续有效，但保额会相应减少。保额的减少会导致后续生存保险金返还的减少。

关于减额交清，还有三个需要注意的点：

（1）并不是所有保险公司的所有保险产品都可以做减额交清。因此，在申请减额交清前，投保人要跟相应的保险公司确认，查询自己所持有的保险合同是否可以做减额交清。

（2）有些保险产品在办理减额交清后，保单贷款的功能会被终止。

（3）减额交清可能会对保单利益产生影响，比如身故保额降低等。

4. 申请减保

如果我们手头还有点钱，但是感觉全额交纳续期保费有压力，可以通过申请减保，降低续期保费的金额。申请减保后，保单的保额会降低，未来相应的生存保险金、身故保险金也会降低。申请减保后，投保人仍然要交纳保费，只不过可以少交些。

5. 变更交费方式

如果资金压力只是暂时的，或者投保人只是想把交纳保费的压力分散一下，那么投保人可以将交费方式从年交变更为半年交或月交。一般而言，月交方式下，月交保费为"年交保费×0.09"，算下来一年总交保费会比年交方式所交保费多一点。但月交的方式，对于很多有稳定收入的人而言是个不错的选择，可以分散因交纳保费而带来的资金压力。

6. 暂时中止保单

投保人可以选择暂时不交费，在 60 天的宽限期过后，保单将进入中止状态。在中止状态下，保单不返还生存保险金、不分红，如果被保险人在此期间身故，保险公司也不会给付身故保险金。投保人在 2 年之内可以向保险公司申请补足保费，让保单复效。保单复效后，保险公司会继续履行保险合同中约定的责任。

以上六种方案各有其应用的场景。总体而言，如果投保人遇到的资金问题是短期的，就可以采用利用宽限期、申请保单贷款或者变更交费方式的方案；如果投保人遇到的资金问题是长期的，就可以采用申请减额交清、减保的方案；如果投保人不确定遇到的资金问题是长期的还是短期的，则可以选择暂时中止保单。不到万不得已的时候，尽量不要选择退保的方案。

如果不确定资金困难是长期的还是短期的，投保人还可以根据情况采用组合方案来应对。

我们举一个例子来说明。许总有一份年交保费 300 万元、交费期 3 年的分红型年金保单，已交了 2 年保费。由于许总最近在生意上遇到些问题，资金紧张，所以按时交纳第 3 年的保费有些困难，并且他也很难确定资金紧张的时间还会持续多久。在这种情况下，他可以采用组合方案来应对。

首先，许总不必考虑暂时中止保单的方案，因为保单一旦进入中止状态，分红就会停止，即使保单复效，保单中止期间损失的分红也无法补回，这会给许总带来比较大的损失。其次，许总的保单现金价值较高，他可以使用保单贷款功能贷款 300 万元，用于交纳第 3 年的保费。采取这种方式，许总需要支付每年 5% 的保单贷款利息，但保单不会失效，同时，保单每年的分红还可以覆盖 80% 的保单贷款利息。最后，许总可以利用好保单的宽限期，在宽限期即将到期时再申请保单贷款。保单贷款申请成功后，资金一般在 1~5 个工作日内就可以到账，许总可以在宽限期到期前 1~2 周申请保单贷款，之后再用贷款所得资金交纳保费，这样可以节省一部分的保单贷款利息。

▶▶▶ 延伸阅读

退保是解除保险合同的方式之一，是投保人享有的一项基本权利。已经生效的保单最好不要轻易退保，因为退保会产生一些不利的影响，主要有以下三个方面：

（1）保单利益的损失。退保只能退还保单的现金价值，如果退保时保单的现金价值较低，会给投保人造成较大的损失。

（2）退保后，保单原有的保障随之丧失。

（3）如果退保后再次投保同样的保险产品，被保险人的保险权益可能受到某种程度的限制。比如，某些保险合同是以被保险人身体健康且不超过规定年龄作为承保条件的。退保后再投保，被保险人可能会因身体状况或年龄变化，而面临保费增加或被除外承保乃至拒保的情况。

89 保单的现金价值为什么在早期比较低？

小丽：我有个朋友买完年金保险后退保了，结果发现退回来的钱比交的保费少很多，这是为什么呢？

小博：我猜你这位朋友持有这份保单的时间应该不长。保单退保，其实退的是保单的现金价值。在持有保单时间比较短的情况下，保单的现金价值普遍比较低。

▶▶▶ **专业解析**

如果投保人购买保单不久后就退保，他会发现这时保单的现金价值是低于他所交保费的。

某款年金保险产品的利益演示见下表。这份年金保险的被保险人是一位不满 1 岁的宝宝，保单年交保费 50 万元，交费期 3 年。

从这张表格可以看到，在这份年金保险的第 1 个保单年度，投保人已交保费 50 万元，保单的现金价值是 33.16 万元；第 2 个保单年度，已交保费 100 万元，保单的现金价值是 75.48 万元；第 3 个保单年度，已交保费 150 万元，保单的现金价值是 125.53 万元。也就是说，如果投保人选择在第 3 个保单年度后退保，退回来的现金只有 125 万多元，远低于他已经交纳的保费。

在持有保单的最初阶段，保单的现金价值普遍比较低。在持有保单超过一定年限后，大多数年金保单的现金价值并不低，有些还会大幅超过已交纳的保费。

金额单位：元

某款年金保险产品的利益演示

保单年度	期交保险费 累计交纳保险费	生存总利益 低	生存总利益 中	生存总利益 高	身故总利益 低	身故总利益 中	身故总利益 高	当年生存金（转入万能保险费）	保单现金价值（退保金）
1	500 000 / 500 100	331 707	331 710	331 711	500 100	500 103	500 104	0	331 610
2	500 000 / 1 000 100	754 980	754 986	754 989	1 000 101	1 000 107	1 000 110	0	754 881
3	500 000 / 1 500 100	1 255 425	1 255 434	1 255 439	1 500 103	1 500 112	1 500 117	0	1 255 323
4	0 / 1 500 100	1 324 402	1 324 414	1 324 421	1 500 105	1 500 117	1 500 125	0	1 324 298
5	0 / 1 500 100	1 391 238	1 391 254	1 391 263	1 500 107	1 500 123	1 500 132	300 000	1 097 102
6	0 / 1 500 100	1 459 739	1 468 163	1 472 849	1 802 348	1 810 772	1 815 459	300 000	857 391
7	0 / 1 500 100	1 519 382	1 545 239	1 559 827	2 112 974	2 138 831	2 153 419	102 034	802 394
8	0 / 1 500 100	1 576 075	1 623 410	1 650 588	2 229 636	2 276 971	2 304 149	102 034	744 405
9	0 / 1 500 100	1 631 594	1 704 639	1 747 327	2 346 341	2 419 386	2 462 074	102 034	683 219

那么，持有保单的最初阶段，为什么现金价值这么低呢？

保单的现金价值可以用以下公式来计算：

保单的现金价值＝投保人已交保费－保险公司的经营成本－保险公司已经承担的风险所消耗的保费＋剩余保费所生利息

对于客户交给保险公司的保费，保险公司会提取一部分用于保险公司的各项经营支出，包括保险公司工作人员的薪资、保险销售人员的佣金、保险公司的房租、保险公司日常的运营费用等。这些支出中有很大一部分是短期支出，一般而言，持有保单的第一年，保险公司从保费中提取的这部分费用最高，随后会逐年降低。

除此之外，保单生效的前几年，因为保单持有时间短，所以保费所产生的利息也较少。

由于以上因素，持有保单的前期，保单的现金价值会比较低。

在投保年金保险前，投保人需要明确年金保险提供的是长期、稳定的现金流，只有长时间持有才能产生较好的效益。要尽量避免出现短期退保的情况，让年金保险发挥它应有的作用。

▶▶▶ **延伸阅读**

下图为 13 精资讯发布的 2011—2021 年我国寿险行业退保率的数据统计。

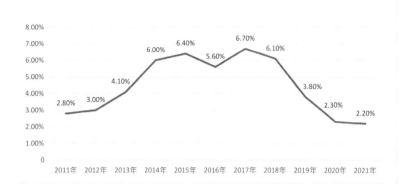

2011—2021 年我国寿险行业退保率

90 保险公司可以解除年金保险合同吗?

小丽:我可以通过退保来解除保险合同,那保险公司是不是也能解除保险合同呢?它要是单方面解除了保险合同,轻描淡写地赔点钱了事,我之前那么多规划不就白做了?

小博:这个你不用担心。除非遇到特殊情况,否则保险公司是不能解除保险合同的。

▶▶▶ **专业解析**

根据《保险法》第十五条的规定,除《保险法》另有规定或者保险合同另有约定外,保险合同成立后,投保人可以解除合同,保险公司不得解除合同。

保险公司在六种情况下可以解除保险合同:

(1)投保人未按保险合同约定的时间交纳保费,且在过了保险合同中约定的中止期后仍未交费。同时,保险合同中没有用现金价值垫付保费的条款,或保单的现金价值已不足以交纳保费。

(2)投保人没有履行如实告知义务,且足以影响保险公司决定是否同意承保或提高保险费率。

(3)被保险人或受益人谎称发生了保险事故。

(4)投保人、被保险人故意制造保险事故。

(5)投保人谎报被保险人的真实年龄,且被保险人的真实年龄不符合合同约定的年龄限制。

（6）被保险人的情况发生重大变化，没有按照合同约定及时通知保险公司。比如，被保险人从事的职业危险等级提高了，但并未将此情况通知保险公司。

保险公司所拥有的合同解除权，还受到严格的限制。《保险法》规定，即使投保人故意或者因重大过失而没有履行如实告知义务，保险公司也须在知道有解除事由之日起的 30 日之内行使其合同解除权。超过 30 日不行使，保险合同就不能解除了。如果订立合同时，保险公司在已经知道投保人没有如实告知的情况下，仍然签署了保险合同，则保险公司不能解除这份合同。此外，保险合同成立超过 2 年的，保险公司也不能解除这份合同，且保险公司应当依合同约定承担赔偿或给付保险金的责任。

总之，如果投保人申请解除保险合同，一般都是可以解除的。对于以死亡为标的的保险合同，比如含有身故责任的年金保险，被保险人也可以要求撤销之前同意的意思表示，从而实质上解除保险合同。而保险公司除以上六种情况外，不可以用其他任何理由，比如以"给些补偿"的方式等解除保险合同。

这意味着在解除保险合同方面，保险公司和投保人拥有的权利并不对等。保险公司在设计保险产品时，虽然采用预定利率进行了精算，但保险资金投资的收益率实际上是不确定的，会受到宏观经济状况的影响。即使保险资金的实际投资收益率低于预定利率，保险公司也要履行保险合同中约定的义务，不可以解除合同。这时，保险公司就有可能出现亏损。当然，我国建立了一系列监管与保证机制，从国家层面对保险公司的运营进行监管，确保保险公司能够履行保险合同中约定的义务。对于具体措施，我们将在后文做详细介绍，这里就不赘述了。

▶▶▶ 延伸阅读

《保险法》第十六条对保险公司的"合同解除权"规定如下：

订立保险合同，保险人就保险标的或者被保险人的有关情况提出询问的，投保人应当如实告知。

投保人故意或者因重大过失未履行前款规定的如实告知义务，足以影响保险人决定是否同意承保或者提高保险费率的，保险人有权解除合同。

前款规定的合同解除权，自保险人知道有解除事由之日起，超过三十日不行使而消灭。自合同成立之日起超过二年的，保险人不得解除合同；发生保险事故的，保险人应当承担赔偿或者给付保险金的责任。

年金保险 100 问

91 看年金保险合同时，重点看什么？

小丽：我给闺密推荐了一份年金保险，结果她一看到合同就晕了，说合同里的内容太多了，搞不清哪里是重点。我平时都是听你介绍的，也没仔细看过合同。你能不能给我讲讲，年金保险合同该怎么看？要关注哪些重点呢？

小博：你的闺密有这个感觉很正常。第一次看保险合同的时候，很多人都会被密密麻麻的文字搞蒙。其实，我们只要关注几个重点部分，就能把保险利益抓得牢牢的。

▶▶▶ **专业解析**

一份年金保险合同一般由四个部分构成：保险单、主要保险利益（表）、保险条款、保单服务相关信息。虽然看上去内容很多，但我们在投保时需要了解的关键信息其实并不多，可以归纳为"两表两责"。

下面这张图展示了保险合同的主要构成部分。

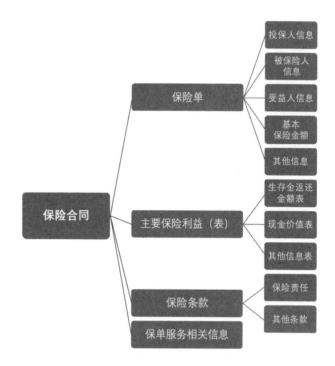

保险合同的主要构成部分

我们先来看"两表"，它们分别是"主要保险利益摘要表"和"现金价值表"。

下面这张表就是某年金保险合同中的主要保险利益摘要表。

某年金保险合同中的主要保险利益摘要表①

币种：人民币

保单年度	年末生存金	疾病身故	意外身故	保单年度	年末生存金	疾病身故	意外身故
1		15,163.20	15,163.20	60	2,880.00	151,632.00	151,632.00
2	4,800.00	30,326.40	30,326.40	61	2,880.00	151,632.00	151,632.00
3		45,489.60	45,489.60	62	2,880.00	151,632.00	151,632.00
4	4,800.00	60,652.80	60,652.80	63	2,880.00	151,632.00	151,632.00
5		75,816.00	75,816.00	64	2,880.00	151,632.00	151,632.00
6	4,800.00	90,979.20	90,979.20	65	2,880.00	151,632.00	151,632.00
7		106,142.40	106,142.40	66	2,880.00	151,632.00	151,632.00
8	4,800.00	121,305.60	121,305.60	67	2,880.00	151,632.00	151,632.00
9		136,468.80	136,468.80	68	2,880.00	151,632.00	151,632.00
10	4,800.00	151,632.00	151,632.00	69	2,880.00	151,632.00	151,632.00
11		151,632.00	151,632.00	70	2,880.00	151,632.00	151,632.00
12	4,800.00	151,632.00	151,632.00	71	2,880.00	151,632.00	151,632.00
13		151,632.00	151,632.00	72	2,880.00	151,632.00	151,632.00
14	4,800.00	151,632.00	151,632.00	(本栏以下空白)			
15		151,632.00	151,632.00				
16	4,800.00	151,632.00	151,632.00				
17		151,632.00	151,632.00				
18	4,800.00	151,632.00	151,632.00				
19		151,632.00	151,632.00				
20	4,800.00	151,632.00	151,632.00				
21		151,632.00	151,632.00				
22	4,800.00	151,632.00	151,632.00				
23		151,632.00	151,632.00				
24	4,800.00	151,632.00	151,632.00				
25		151,632.00	151,632.00				
26	4,800.00	151,632.00	151,632.00				
27	2,880.00	151,632.00	151,632.00				
28	2,880.00	151,632.00	151,632.00				
29	2,880.00	151,632.00	151,632.00				
30	2,880.00	151,632.00	151,632.00				
31	2,880.00	151,632.00	151,632.00				
32	2,880.00	151,632.00	151,632.00				
33	2,880.00	151,632.00	151,632.00				
34	2,880.00	151,632.00	151,632.00				
35	2,880.00	151,632.00	151,632.00				
36	2,880.00	151,632.00	151,632.00				
37	2,880.00	151,632.00	151,632.00				
38	2,880.00	151,632.00	151,632.00				
39	2,880.00	151,632.00	151,632.00				
40	2,880.00	151,632.00	151,632.00				
41	2,880.00	151,632.00	151,632.00				
42	2,880.00	151,632.00	151,632.00				
43	2,880.00	151,632.00	151,632.00				
44	2,880.00	151,632.00	151,632.00				
45	2,880.00	151,632.00	151,632.00				
46	2,880.00	151,632.00	151,632.00				
47	2,880.00	151,632.00	151,632.00				
48	2,880.00	151,632.00	151,632.00				
49	2,880.00	151,632.00	151,632.00				
50	2,880.00	151,632.00	151,632.00				
51	2,880.00	151,632.00	151,632.00				
52	2,880.00	151,632.00	151,632.00				
53	2,880.00	151,632.00	151,632.00				
54	2,880.00	151,632.00	151,632.00				
55	2,880.00	151,632.00	151,632.00				
56	2,880.00	151,632.00	151,632.00				
57	2,880.00	151,632.00	151,632.00				
58	2,880.00	151,632.00	151,632.00				
59	2,880.00	151,632.00	151,632.00				

　　这张表体现了保单中最重要的保险利益信息。比如，表中清晰标明了保险公司自第 1 个保单年度到第 26 个保单年度每两年返还

---

① 表中金额单位为元。

一次生存保险金，每次的返还金额为 4800 元；自第 27 个保单年度
起（也就是本保单中的被保险人 60 周岁以后）每年返还一次生存
保险金，每次返还金额为 2880 元。

现金价值就是投保人在退保时可以退回来的钱。下面这张表就
是某年金保险合同中的现金价值表。从这张表中，我们可以看到这
份保单在不同保单年度末时具有的现金价值。

某年金保险合同中的现金价值表①

币种：人民币

保单年度末	现金价值	减额交清保额	保单年度末	现金价值	减额交清保额
1	4,320.00	2,126.40	60	147,451.20	----
2	6,504.00	3,283.20	61	147,628.80	----
3	13,612.80	6,700.80	62	147,796.80	----
4	17,332.80	8,736.00	63	147,955.20	----
5	25,924.80	12,744.00	64	148,108.80	----
6	34,281.60	17,265.60	65	148,252.80	----
7	50,246.40	24,681.60	66	148,392.00	----
8	65,904.00	33,168.00	67	148,526.40	----
9	92,328.00	45,326.40	68	148,670.40	----
10	123,484.80	----	69	148,828.80	----
11	126,528.00	----	70	149,030.40	----
12	124,848.00	----	71	149,313.60	----
13	127,915.20	----	72	149,779.20	----
14	126,264.00	----			
15	129,364.80	----			
16	127,742.40	----			
17	130,867.20	----			
18	129,278.40	----			
19	132,432.00	----			
20	130,872.00	----			
21	134,054.40	----			

上表所列的现金价值不包括因红利分配而产生
的相关利益。
如有未列年度及事项，详见合同条款。
（本栏以下空白）

我们再来看"两责"。"两责"指的是保险合同中的"保险责
任"和"责任免除"。它们都在保险合同的第三部分"保险条款"
中。下图就是某年金保险合同中的"保险条款"部分，我们可以看
到其中有"保险责任"和"责任免除"。

---

① 表中金额单位为元。

☞ 条款目录

某年金保险合同中的"保险条款"部分

"保险责任"是指保险公司向被保险人提供保险保障的范围。"责任免除"是指保险公司不承担或者限制承担的责任范围。

除了"两表","两责"也是我们一定要仔细阅读的关键信息。

▶▶▶ **延伸阅读**

某年金保险合同中的"责任免除"条款如下:

因下列情形之一导致被保险人身故的,我们不承担给付保险金的责任:

(1)投保人对被保险人的故意杀害、故意伤害;

(2)被保险人故意犯罪或者抗拒依法采取的刑事强制措施;

(3)被保险人自本主险合同成立或者合同效力恢复之日起2年内自杀,但被保险人自杀时为无民事行为能力人的除外;

（4）被保险人主动吸食或注射毒品（见 10.5）；

（5）被保险人酒后驾驶（见 10.6）、无合法有效驾驶证驾驶（见 10.7），或驾驶无有效行驶证（见 10.8）的机动车（见 10.9）；

（6）战争、军事冲突、暴乱或武装叛乱；

（7）核爆炸、核辐射或核污染。

发生上述第 1 项情形导致被保险人身故的，本主险合同终止，我们向受益人退还本主险合同的现金价值。

发生上述其他情形导致被保险人身故的，本主险合同终止，我们向您退还本主险合同的现金价值。

92 如何看懂年金保险合同里的保险责任？

小丽：我闺密买年金保险，最关心的是保险公司怎么返钱，什么时候返、返多少，什么情况下赔、赔多少。她在年金保险合同里的什么地方可以看到这些信息呢？

小博：你闺密关心的其实是年金保险的保险责任。她要了解一份年金保险的保险责任，就要看懂年金保险合同里的两个关键信息。

▶▶▶ **专业解析**

要想看懂年金保险合同里的保险责任，只要看懂合同中的两个关键信息即可：基本保险金额和保险责任。

在年金保险合同中，清楚写明了基本保险金额（以下简称基本保额），一份年金保险的保险责任是围绕基本保额来约定的。

需要注意的是，与重疾险或人寿保险不同，年金保险的基本保额，并不代表这份保险的最大保额。

我们以一份年金保险合同为例，这份年金保险合同约定的基本保额是 48 000 元。下表是这份年金保险合同中有关基本保额的内容。

某年金保险合同中有关基本保额的内容

保险项目	保险期间	交费年限	基本保额/份数/档次	保险费
投保主险：××××（948）	终身	10年	48 000元	15 163.20元
附加长险：免疾B12（1102）	10年	9年	—	685.68元

我们再来看这份年金保险合同中的保险责任是如何约定的。保险责任的内容在合同保险条款中的特别章节里。

2.3 保险责任

在本主险合同有效期内，我们承担如下保险责任：

生存保险金

被保险人于本主险合同生效之日起，在60周岁的保单周年日前每满2周年时仍生存，我们按基本保险金额的10%给付"生存保险金"。

被保险人生存至60周岁的保单周年日开始，每年到达保单周年日仍生存，我们按基本保险金额的6%给付"生存保险金"。

身故保险金

被保险人身故，我们无息返还所交保险费，本主险合同终止。

"所交保险费"按照身故当时的基本保险金额确定的年交保险费和保单年度数（交费期满后为交费年度数）计算。

以上"身故保险金"中所称的基本保险金额不包括因红利分配产生的相关利益。

以上年金保险合同条款约定了两项保险责任：一项是生存保险金的给付，另一项是身故保险金的给付。

生存保险金是被保险人在某个保单周年日仍生存时，保险公司应给付给他的保险金。

当被保险人身故时，保险公司会无息返还投保人所交的保险费，这笔费用就是身故保险金，保险合同随即终止。

上面这段合同条款提到的"基本保险金额"，就是在前面保单合同中写明的 48 000 元。根据以上条款，在满足相关条件时，被保险人能得到的保险利益可以用下面的方法来计算。

被保险人 60 周岁前，每 2 年返还的生存保险金为：

$$48\,000 \times 10\% = 4800（元）$$

被保险人 60 周岁后，每年返还的生存保险金为：

$$48\,000 \times 6\% = 2880（元）$$

年金保险中的基本保额可以被看作一个基数，它并不代表保险事故发生后保险公司应给付的保险金。保险公司最终给付的保险金，大都是以基本保额乘以一个比例来确定的（个别保险产品根据所交保费乘以一个比例计算保险公司应给付的保险金）。

下面这张图展示了保险公司应给付的保险金是由哪些因素决定的。

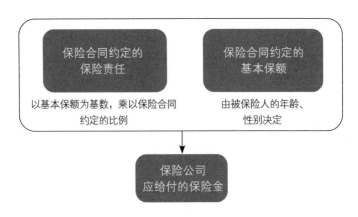

决定保险公司应给付的保险金的因素

　　这里要补充一点，被保险人不同，即使基本保额相同，投保人所需交纳的保费也可能不一样。它取决于保险产品的费率，而保险产品的费率是由保险公司经精算后制定的。

　　最后，建议大家在签订年金保险合同前，与保险顾问沟通，以确保自己对保险责任的理解正确，没有忽略合同中的重要信息。

▶▶▶ **延伸阅读**

　　2022 年 11 月，银保监会发布了《人身保险产品信息披露管理办法》，规定了保险公司应当披露保险产品的以下信息：

　　第十一条　保险公司应当根据保险产品审批或备案材料报送内容，披露下列保险产品信息：

　　（一）保险产品目录；

　　（二）保险产品条款；

（三）保险产品费率表；

（四）一年期以上的人身保险产品现金价值全表；

（五）一年期以上的人身保险产品说明书；

（六）银保监会规定的其他应当披露的产品材料信息。

93 在年金保险合同中，我们需要关注哪些与投保人有关的重要权益？

小丽：除了年金保险合同里的保险责任，还有什么地方是我们需要重点关注的呢？

小博：我们在看年金保险合同时，还需要重点关注一些与投保人有关的权益。

▶▶▶ **专业解析**

年金保险合同中有以下几项与投保人有关的权益是我们需要重点关注的。

1. 犹豫期

投保完成后，投保人有反悔的权利。年金保险合同一般会规定自"签收保险合同次日起"，有一段时间的犹豫期，一般来说是 20 天。投保人在犹豫期内解除合同，保险公司退还的是已支付的全部保费，而不是现金价值。

2. 退保

即使过了犹豫期，投保人也可以向保险公司申请退保。年金保险合同规定投保人"可以申请解除本主险合同"，保险公司应"退还本主险合同的现金价值"。

年金保险合同会列出现金价值表。下表就是一份年金保险合同中的现金价值表（部分）。这张表显示，如果投保人在第 1 个保单年度退保，可以拿回的现金价值是 4320 元；如果投保人在第 5 个保单年度退保，可以拿回的现金价值是 25 924.80 元。

某年金保险合同中的现金价值表（部分）[1]

币种：人民币

保单年度末	现金价值	减额交清保额	保单年度末	现金价值	减额交清保额
1	4,320.00	2,126.40	60	147,451.20	----
2	6,504.00	3,283.20	61	147,628.80	----
3	13,612.80	6,700.80	62	147,796.80	----
4	17,332.80	8,736.00	63	147,955.20	----
5	25,924.80	12,744.00	64	148,108.80	----
6	34,281.60	17,265.60	65	148,252.80	----
7	50,246.40	24,681.60	66	148,392.00	----
8	65,904.00	33,168.00	67	148,526.40	----
9	92,328.00	45,326.40	68	148,670.40	----
10	123,484.80	----	69	148,828.80	----
11	126,528.00	----	70	149,030.40	----
12	124,848.00	----	71	149,313.60	----
13	127,915.20	----	72	149,779.20	----

投保人在退保时，除现金价值外，还可以拿回未领取的生存保险金、分红等。

3. 保单贷款

年金保险合同中一般都会有对保单贷款的约定，比如可以贷出的金额比例、贷款利率等。本书第 17 节对年金保险的保单贷款功能进行了比较详细的介绍，这里就不赘述了。

4. 减额交清

如果投保人还没有交清全部保费，或者因为某些原因不想支付剩余的保费，但还想继续持有这份保单，可以选择减额交清。关于减额交清，本书第 88 节有较为详细的介绍，大家可以参看。

---

① 表中金额单位为元。

5. 分红

如果投保人购买的是分红型年金保险，还要注意保单中的分红权益。

简单来说，年金保险的分红来源于保险资金投资所产生的盈利。投保人可以获得的保单分红收益是不确定的，要根据保险公司的实际经营状况来确定。

以上是年金保险合同中的几项重要权益。需要注意的是，并不是所有年金保险合同中都有以上权益。比如，并不是所有的年金保险产品都支持减额交清，也不是所有年金保险产品都有分红收益。

▶▶▶ **延伸阅读**

2000 年，保监会在《关于规范人身保险经营行为有关问题的通知》（现已废止）中首次对犹豫期做出了规定。

2019 年 8 月 23 日，银保监会办公厅发布的《商业银行代理保险业务管理办法》对银行代理销售的保险期超过一年的保险产品做出了关于犹豫期的具体规定，其中第三十六条规定如下：

商业银行代理销售的保险产品保险期间超过一年的，应当在保险合同中约定 15 日的犹豫期，并在保险合同中载明投保人在犹豫期内的权利。犹豫期自投保人收到保险单并书面签收之日起计算。

94 怎么计算一款年金保险产品的实际收益率?

　　小丽:一份年金保险返还的生存保险金有的时候多,有的时候少,我们应该怎么计算年金保险的实际收益率呢?

　　小博:你应该不是学理工科的吧?

　　小丽:你这不是明知故问吗?

　　小博:哈哈,我的意思是,如果没点理工科的基础,想要彻底搞懂年金保险收益率的算法还真有点难度。不过,我可以教你一个简单的方法,一般人都能学会。

▶▶▶ 专业解析

　　选择年金保险产品时,很多人希望了解它们的实际收益率。与银行存款不同,我们很难简单说清某款年金保险产品的实际收益率是多少。不同年金保险产品的交费方式可能不同,比如可以趸交、2 年交、5 年交或 10 年交等;开始领取生存保险金的时间可能不同,比如可以从被保险人年满 60 岁开始领取,也可以从其他时间开始领取;预定利率也有所不同。即便是同一款年金保险产品,因为被保险人的年龄、性别不同,收益率也会有一定差异。

　　针对某款年金保险产品的实际收益率进行测算,我们一般可以考虑使用内部收益率这个指标。

　　我们可以把内部收益率(Internal Rate of Return,IRR)理解为某一项投资的实际获利能力。如果我们将资金一次性投入某款金融产品，到一定期限时，比如1年后，再将资金收回，这时的收益率是非常容易计算的。但如果我们投入这款金融产品的现金流是不规则的，投资的实际收益率就需要用内部收益率来衡量了。比如，我们1年中的每个月都在银行活期存款账户中存入一定数额的现金，1年后再将存入的现金一次性取出，则存入银行的现金是从我们的口袋流出的，记为现金流出；从银行取出的现金回到我们的口袋，记为现金流入。如果在这1年中银行活期存款的利率都是不变的，这个利率就是活期存款的内部收益率。

一款年金保险产品的内部收益率该如何计算呢？由于算法比较复杂，已经超出本书的讨论范围，这里就不详解了。在Excel中有专门的内部收益率计算公式，我们只需要将现金的流入和流出数值在Excel中列出，就可以计算出产品的内部收益率。

假设我们投保某款年金保险产品，交费期3年，每年交纳保费1万元，这笔保费就是现金流出。前3年所交保费我们可以在Excel中分别记为"–10 000"。对于投保人而言，这意味着现金流出了1万元。

从第4年开始，保险公司开始给付生存保险金，每年给付的金额是2000元，一共给付10年。对于投保人而言，这就是现金流入。每年的现金流入我们可以在Excel中分别记为"2000"。

我们按照以上方法在Excel中列好全部现金流入和现金流出数值后，可以在表格中选择一个空白格，然后在Excel的工具栏中单击"公式"中的"插入函数"，找到IRR函数后，单击"确定"按钮。之后按照Excel中的提示，在"函数参数"中用鼠标选中已经列出的现金流入和现金流出的数值，就能计算出这款年金保险产品的内部收益率。

这里需要说明的是，以上软件操作是在 Excel 2021 中实现的，如果使用的是不同版本的 Excel，操作方法可能略有差异。

具体计算方式我们可以看下面这张 Excel 表格的截图。

−10 000	
−10 000	
−10 000	
2000	
2000	
2000	
2000	
2000	
2000	
2000	
2000	
2000	
2000	
=IRR（E1:E13）	
IRR（现金流，［预估值］）	

某款年金保险产品内部收益率的计算方式

需要注意的是，某款年金保险产品的总体收益较高，并不意味着它的内部收益率也比较高。

举个例子来说，A 和 B 是两款年金保险产品，其中：

产品 A 趸交保费 10 万元，在第 10 个保单年度末返还生存保险金 15 万元；

产品 B 年交保费 2 万元，交费期 5 年，在第 10 个保单年度末返还生存保险金 14 万元。

这两款年金保险产品，哪款的内部收益率更高呢？

如果单纯看产品的总收益，产品 A 比产品 B 多 1 万元，产品 A 的总收益更高。但是如果计算内部收益率的话，产品 B 的收益率高于产品 A。

下面这张表格给出了这两款年金保险产品的内部收益率。

产品A与产品B的内部收益率

年龄	产品A	产品B
30岁	-100 000元	-20 000元
31岁	0	-20 000元
32岁	0	-20 000元
33岁	0	-20 000元
34岁	0	-20 000元
35岁	0	0
36岁	0	0
37岁	0	0
38岁	0	0
39岁	0	0
40岁	150 000元	140 000元
内部收益率	4.14%	4.27%

为什么产品 B 的内部收益率比产品 A 高呢？这是因为产品 A 需要一次性交纳 10 万元保费，而产品 B 的保费分 5 年交清，每年只交 2 万元。显然，前者资金占用的时间更长。产品 B 最后交纳的 2 万元保费，实际上是在 5 年后才进入年金保险产品参与增值的。

　　以内部收益率来衡量产品的收益率，其实就是考虑到了时间对货币价值产生的影响。今天的 1 万元钱，其价值和 1 年后的 1 万元钱是不同的。因此，只有内部收益率才能反映更真实的收益率情况。

　　在测算年金保险的内部收益率时，我们必须强调以下两点：

　　第一，年金保险具有一定的保险性质，比如终身年金保险可以提供与我们生命等长的现金流，因此，不能简单地将年金保险与基金、银行存款等放在一起进行收益率的比较。

　　第二，购买年金保险时，不能只考虑内部收益率这一个因素。内部收益率只是选择年金保险的参数之一，我们还要综合考虑其他因素，比如保险公司的品牌和偿付能力、产品是否有一些特定的功能（如对接养老社区等）、是否可以附加万能账户实现保险金的二次增值、是否有分红，等等。

▶▶▶ 延伸阅读

　　年金保险的内部收益率不等于预定利率。

　　一般而言，年金保险产品的内部收益率比产品的预定利率要低一些。预定利率是基于对保险资金投资的长期收益率的预测，但可用于投资的保险资金并不等于客户所交的保费。保险公司会先将客户所交的保费扣除保险公司的运营费用、营销费用等，然后再用剩余的保费进行投资。

95 保险公司的偿付能力指标是越高越好吗?

小博: 刚看了这两年银保监会公布的统计数据,你购买年金保险的那家保险公司,其偿付能力还真不错。

小丽: 等等,你说的"偿付能力"是什么意思?和我买的年金保险有什么关系呢?

▶▶▶ 专业解析

我们购买年金保险,一定很重视它的安全性。年金保险是不是安全,与销售它的保险公司的偿付能力有一定的关系。

什么是保险公司的偿付能力呢? 银保监会发布的《保险公司偿付能力管理规定》中是这样定义的: 偿付能力"是保险公司对保单持有人履行赔付义务的能力"。也就是说,偿付能力是保险公司对它承保的保单进行正常赔付的能力。一家保险公司偿付能力的高低会影响保单的安全性。

保险公司的偿付能力是否越高越好呢?

虽然说偿付能力在一定程度上反映了保单的安全性,但保险公司的偿付能力并不是越高越好。

从监管角度看,国家对保险公司的偿付能力进行评估与监管,是为了筑牢保险行业的风险底线。对于客户而言,保险公司的偿付能力代表着其在保险合同中承诺的保险责任是否可以安全履行。一般而言,保险公司的偿付能力指标只要达到国家对保险行业的监管标准即可，更高的偿付能力并没有太大的意义。

那保险公司的偿付能力要达到什么水平才算安全呢？对偿付能力的考核又有哪些指标呢？

这就涉及银保监会对保险公司在偿付能力方面的一系列评估与监管措施。各家保险公司必须每季度向银保监会报送对本公司偿付能力的评估数据，在这些数据中，核心偿付能力充足率不低于50%、综合偿付能力充足率不低于100%、风险综合评级在B类及以上，是银保监会考核保险公司偿付能力的硬指标。

2021年1月，银保监会发布了《保险公司偿付能力管理规定》，对保险公司的偿付能力做出了相关规定，主要内容如下：

（1）保险公司偿付能力监管指标包括核心偿付能力充足率（保险公司核心资本与最低资本①的比值，主要用来衡量保险公司高质量资本的充足状况）、综合偿付能力充足率（保险公司实际资本②与最低资本的比值，主要用来衡量保险公司资本的总体充足状况）、风险综合评级（对保险公司偿付能力综合风险的评价，主要用来衡量保险公司总体偿付能力风险的大小）。

（2）对保险公司的偿付能力进行评估后，评估结果同时符合核心偿付能力充足率不低于50%、综合偿付能力充足率不低于100%、风险综合评级在B类及以上这三项要求的保险公司，为偿付能力达

---

① 《保险公司偿付能力管理规定》规定："最低资本，是指基于审慎监管目的，为使保险公司具有适当的财务资源应对各类可量化为资本要求的风险对偿付能力的不利影响，所要求保险公司应当具有的资本数额。"

② 《保险公司偿付能力管理规定》规定："实际资本，是指保险公司在持续经营或破产清算状态下可以吸收损失的财务资源。"

标公司；不符合上述任意一项要求的保险公司，为偿付能力不达标的公司。

（3）银保监会及其派出机构通过评估保险公司操作风险、战略风险、声誉风险和流动性风险，结合其核心偿付能力充足率和综合偿付能力充足率，对保险公司的总体风险进行评价，确定其风险综合评级。银保监会确定的风险综合评级分为 A 类、B 类、C 类和 D 类，对不同评级的保险公司，银保监会将采取差别化监管措施。

（4）银保监会及其派出机构对保险公司报送的其他偿付能力信息和数据进行核查，将核心偿付能力充足率低于 60% 或综合偿付能力充足率低于 120% 的保险公司作为重点核查对象。

（5）对于核心偿付能力充足率低于 50% 或综合偿付能力充足率低于 100% 的保险公司，银保监会应当采取以下措施：监管谈话；要求保险公司提交预防偿付能力充足率恶化或完善风险管理的计划；限制董事、监事、高级管理人员的薪酬水平；限制向股东分红。

▶▶▶ 延伸阅读

中国银保监会偿付能力监管委员会第十八次工作会议公布，截至 2022 年第四季度末，纳入会议审议的 181 家保险公司平均综合偿付能力充足率为 196%，平均核心偿付能力充足率为 128.4%，其中人身险公司的平均综合偿付能力充足率为 185.8%。我国的保险业总体而言是安全可靠的。

181 家保险公司中的 49 家保险公司风险综合评级被评为 A 类，105 家保险公司被评为 B 类，16 家保险公司被评为 C 类，11 家保险公司被评为 D 类。

96 保险公司的资产配置受哪些限制与监管?

小丽：保险公司用客户交的保费去投资，也是在做资产配置。我想知道，国家对保险公司的资产配置是怎么监管的？

小博：我国对保险公司资产配置的监管是非常严格的，而且监管的方式和方法也在不断改进。我给你讲讲近些年我国出台的一些监管措施吧。

▶▶▶ 专业解析

保险公司在运用保险资金进行投资时，既要保证资金的安全，又要尽可能地获得更高的收益。

在几十年的摸索过程中，我国的保险监管机构不断制定相应的法律法规，与时俱进地完善监管方式。目前，我国对保险资金投资的监管已经基本成熟，能够在有效防范重大风险的基础上，给保险资金以相当大的投资空间，比较好地平衡了投资盈利与风险管理之间关系。同时，保险公司在多元化资产配置方面也在持续积累经验、强化管理。

目前我国的保险监管机构对保险公司资产配置的监管，主要包括以下两个方面：

第一，通过制定相关政策，明确保险资金的投资范围、投资比例上限、资金集中度及风险监测措施等，进行定量监管。

2018 年 1 月，保监会发布《保险资金运用管理办法》，明确规定保险资金的投资领域主要是银行存款、股票和基金、不动产、股权以及其他资产，同时明确了保险资金禁止投资的领域，包括禁止直接从事房地产开发，投资不符合国家产业政策的企业股权和不动产等。

下面这张表列举了银保监会允许及禁止保险资金投资的领域。

银保监会允许及禁止保险资金投资的领域

允许保险资金投资的领域	禁止保险资金投资的领域
银行存款	在不属于银行的金融机构存款
买卖债券、股票、证券投资基金份额等有价证券	买入被交易所实行"特别处理""警示存在终止上市风险的特别处理"的股票
投资不动产	直接从事房地产开发建设，投资不符合国家产业政策的不动产
投资股权	投资不符合国家产业政策的企业股权
国务院规定的其他资金运用形式	将保险资金用于向他人提供担保或者发放贷款（个人保单质押贷款除外）
	禁止的其他投资行为

针对保险资金的投资比例上限，2014年2月，保监会发布《中国保监会关于加强和改进保险资金运用比例监管的通知》，将保险公司的投资资产划分为五类，包括流动性资产、固定收益类资产、权益类资产、不动产类资产和其他金融资产。该通知还规定，如果将保险资金投资于这五类资产，投资比例应遵守如下规则：

（1）流动性资产、固定收益类资产不设投资比例上限。

（2）权益类资产，投资比例不高于该保险公司上季度末总资产的30%。（注：2020年银保监会发布的《中国银保监会办公厅关于优化保险公司权益类资产配置监管有关事项的通知》中规定，对保险公司权益类资产投资实行差异化监管比例，保险公司权益类资产配置比例最高可至公司上季末总资产的45%。）

（3）不动产类资产，投资比例不高于该保险公司上季度末总资产的30%。（注：2021年银保监会发布的《中国银保监会关于修改保险资金运用领域部分规范性文件的通知》中补充规定"其中，未在银行间市场、证券交易所市场等国务院同意设立的交易市场交易的资产，合计不高于本公司上季末总资产的20%"。）

（4）其他金融资产，投资比例不高于该保险公司上季度末总资产的25%。

该通知对于保险资金的资金集中度及风险监测也有相应的监管措施：

（1）对投资于单一资产和投资于单一法人主体的资金集中度设置上限，控制资金集中度风险。

（2）针对保险资金的流动性状况、融资规模和类别资产等制定监测比例，主要用于风险预警。突破相应监测比例限制的保险公司将被纳入重点监控。同时，监管机构会依据实际情况对监测比例进行调整，在防范系统性风险的前提下增强投资的灵活度。

第二，通过对偿付能力的监管，对保险资产配置形成隐性要求。

所谓隐性要求，指的是监管机构不直接干预保险公司的资产配置，而通过对关联指标的要求来影响保险公司的资产配置。

2016 年，中国第二代偿付能力监管制度体系（以下简称"偿二代"）正式实施。"偿二代"体系监管的重点是保险公司的综合偿付能力充足率。综合偿付能力充足率的计算方法是"实际资本 / 最低资本"。银保监会要求保险公司的综合偿付能力充足率不低于 100%。

"偿二代"的实施通过一系列监管措施对保险公司的资产配置形成了隐性要求，基本达到了让保险公司的资产配置既有一定的灵活度，又能守住风险底线的监管目标。

▶▶▶ **延伸阅读**

"偿二代"二期——更严格、更科学的保险公司风险控制体系。

2021 年 12 月 30 日，银保监会正式发布《保险公司偿付能力监管规则（Ⅱ）》，这标志着"偿二代"二期工程建设完成。

银保监会要求保险公司自提交 2022 年第一季度偿付能力季度报告起，全面实施以上新规。截至 2022 年 5 月 5 日，已有 155 家财产保险与寿险公司披露了 2022 年第一季度偿付能力季度报告，其中 127 家保险公司的偿付能力充足率比上期有所下降。

97 目前我国保险公司的资产配置是什么状况?

小丽:保险公司通过资产配置来确保保险资金的安全,获取更高的投资利益,那目前我国保险公司的保险资金都投到哪些地方了呢?

小博:以数据说话,我给你看一下最近几年的统计信息。

▶▶▶ 专业解析

据银保监会披露的数据可知,截至 2022 年末,保险资金运用余额为 25.05 万亿元,同比增长 7.85%。其中,银行存款占比为 11.3%,债券投资占比为 41%,股票和基金投资占比为 12.7%,以另类投资为代表的其他投资占比为 35%(见下图)。

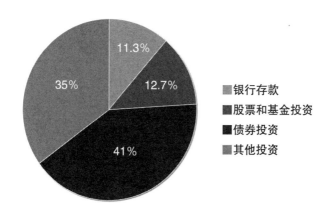

2022 年我国保险资金主要资产配置项目

2022 年，在我国保险资金的资产配置中，银行存款、债券等固定收益类资产占比为 52.3%，为保险资金的第一大投资方向。以另类投资为代表的其他投资占比为 35%，是仅次于固定收益类的第二大投资方向。下面我们就几类投资方向做一个简单介绍。

1. 银行存款

银行存款是保险资金最常见的投资方式。近年来，保险资金在银行存款上的投资规模保持稳定，但在保险资金投资总额中所占的比例有所下滑。2019 年末，保险资金在银行存款方面的投资规模为 2.7 万亿元，占比为 13.4%；2021 年末，投资规模为 2.6 万亿元，占比为 11.3%；2022 年末，投资规模为 2.83 万亿元，占比为 11.3%。

2. 债券投资

债券投资收益稳定，且收益通常比银行存款高，是保险资金的主要投资标的，近年来，由于整体利率水平下降，保险资金在债券上的投资规模有所上升。2019 年末，投资规模为 7.1 万亿元，占比为 34.9%；2021 年末，投资规模为 9.07 万亿元，占比为 39%；2022 年末，投资规模为 10.25 万亿元，占比为 41%。

3. 股票和基金投资

股票和基金的持有期限相对较短，保险资金对这类资产的配置比例通常会随着金融市场的行情产生小幅波动。2019 年末，保险资金在股票和基金上的投资规模为 2.8 万亿元，占比为 13.7%；2021 年末，投资规模为 2.95 万亿元，占比为 12.7%；2022 年末，投资规模为 3.18 万亿元，占比为 12.7%。

4.以另类投资为代表的其他投资

这类投资主要包括理财产品、信托产品、不动产、非上市公司股权等，其总体投资周期长、长期收益高，能够与保险资金的长期负债属性匹配。比如，基建、不动产、棚改等大型项目，均能较好发挥保险资金的长期资金优势，因此，监管机构整体对此较为支持。2019 年末，保险资金在其他投资上的投资规模为 7.7 万亿元，占比为 38%；2021 年末，投资规模为 8.59 万亿元，占比 37%；2022 年末，投资规模为 8.78 万亿元，占比为 35%。

▶▶▶ 延伸阅读

下面这张图是根据银保监会公布的 2013—2022 年我国保险资金资产配置情况整理而成的。

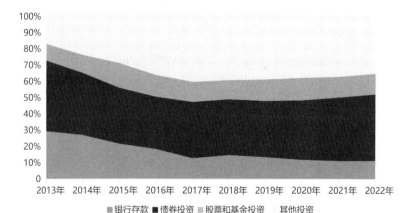

2013 — 2022 年我国保险公司保险资金资产配置情况

98 年金保险的安全性是如何保证的?

小丽:你讲了这么多保险公司为保证年金保险资金的安全所做的事,我心里踏实多了。

小博:我之所以讲这么多,就是想让你知道,年金保险作为一种需要长时间持有、能够保证长期现金流的投资产品,其安全性至关重要。此外,年金保险的安全性是有多重保障的,我再给你讲讲。

▶▶▶ **专业解析**

年金保险的安全性,来自三个层面的加持。

1. 合同层面

年金保险会以合同的形式,对资金的安全性做出保证。

对于定期型年金保险来说,如果保险合同终止时被保险人仍在世,固定返还的生存保险金肯定会超过已交的全部保费。终身型年金保险合同一般会约定,除生存保险金返还外,被保险人身故时保险公司会返还所交全部保费。几乎所有的年金保险合同都会约定,一旦被保险人提前身故,保险公司会返还所交全部保费。

2. 法律层面

《保险法》规定,人寿保险公司是可以申请破产的,但是"其持有的人寿保险合同及责任准备金,必须转让给其他经营有人寿保险业务的保险公司"。而且,如果没有保险公司愿意接收,将"由

国务院保险监督管理机构指定经营有人寿保险业务的保险公司接受转让"。对此,《保险法》是这样规定的:

第八十九条　公司因分立、合并需要解散,或者股东会、股东大会决议解散,或者公司章程规定的解散事由出现,经国务院保险监督管理机构批准后解散。

经营有人寿保险业务的保险公司,除因分立、合并或者被依法撤销外,不得解散。

第九十二条　经营有人寿保险业务的保险公司被依法撤销或者被依法宣告破产的,其持有的人寿保险合同及责任准备金,必须转让给其他经营有人寿保险业务的保险公司;不能同其他保险公司达成转让协议的,由国务院保险监督管理机构指定经营有人寿保险业务的保险公司接受转让。

3. 监管层面

金融监管机构对保险公司安全性的管控,既有针对保险公司运营过程的管理,也有风险发生时的应对措施。

我国金融监管机构对保险公司实施六大监管,包括资金运用监管、偿付能力监管、再保险机制、责任准备金机制、保险保障基金机制、报表季度报送等。其中,最核心的偿付能力监管是监管机构最为重视的,偿付能力的监管指标是保险公司经营中不可逾越的"红线"。

如果保险公司真的发生重大风险,监管机构可以依法接管保险公司,并且运用保险保障基金对遭遇风险的保险公司实施资本疏困措施。我国保险行业历史上曾发生过保险公司出现风险情况被接管，由监管机构主导重组的案例。本书第 100 节对此有专门介绍。

▶▶▶ **延伸阅读**

所谓保险监管是指一国的保险监督执行机关依据现行法律对保险人和保险市场实行监督与管理，以确保保险人的经营安全，同时维护被保险人的合法权利，保障保险市场的正常秩序并促进保险业的健康有序发展。①

---

① 孙祁祥.保险学[M]. 7版.北京：北京大学出版社，2021：21.

99 我国金融监管机构对保险公司有哪些风险控制措施？

小丽：听你这么一说，我国的金融监管机构对保险公司的监管还是挺严格的。除了之前提到的那些监管措施，还有什么其他措施吗？

小博：我国金融监管机构对保险公司有很多监管措施，不但实施"优生优育"，而且从"摇篮"管到"成家立业"，全面覆盖"生老病死"。

▶▶▶ **专业解析**

我国对保险公司的风险管控是非常严格的，但随着保险市场规模不断扩大，保险产品不断推陈出新，还是有人会担心：保险行业承担着这么大体量的保险责任，保险公司赔得起吗？如果某家保险公司出了问题，这家保险公司所承保的保单会不会受到影响？

了解了我国金融监管机构为控制保险公司的整体风险所采取的措施，大家就不会有这些担心了。

1. "优生优育"

我国的保险市场有严格的准入制度。设立保险公司应当经过国务院保险监督管理机构批准。《保险法》规定，保险公司的注册资本最低限额为人民币 2 亿元，且必须为实缴货币资本。

目前，我国绝大部分保险公司的注册资本都远远高于《保险法》规定的最低限额。

2. 提取"三金"

"三金"是指按照金融监管机构的规定，保险公司需要提取的保证金、责任准备金与公积金。

（1）保证金。根据《保险法》和《保险公司资本保证金管理办法》的相关规定，保险公司应当按照注册资本总额的20%提取保证金，存入金融监管机构指定的银行。这笔保证金除保险公司需要进行资产清算时用于清偿债务外，不得动用。

（2）责任准备金。为了承担未到期责任和处理未决赔款（尚未确定最终赔付金额或未办理赔付手续的保险理赔案件），保险公司要从保费收入中提取部分资金作为责任准备金。保险公司会根据险种、产品、期限、地区投资收益等不同要素，通过精算来动态评估赔偿风险，确定对应的责任准备金提取比例。

（3）公积金。保险公司应当根据《保险法》和《中华人民共和国公司法》有关规定提取公积金。法定公积金的提取比例为税后利润的10%，保险公司的股东也可以通过股东会议，要求从保险公司的税后利润中提取一定比例的资金作为公积金。

3. "再保险"机制

"再保险"也叫"分保"，是指保险公司将其承担的保险业务，部分转移给其他保险人的行为。"再保险"制度实际上在保险公司之间建立了共保系统，让一家保险公司的一部分风险由多家保险公司共同分担。

4. 破产转让

保险公司可以申请破产，但在保险公司被依法撤销或被依法宣告破产时，其持有的人寿保险合同及责任准备金必须转让给其他经营有人寿保险业务的保险公司。上一节我们引用的《保险法》第九十二条对此有明确规定。

5. 保险保障基金

我国已建立了保险保障基金制度。保险公司应当按照《保险法》的规定，从公司当年保费收入中提取一定比例（0.05%～0.15%）的资金作为保险保障基金存入指定银行。人身保险公司的保险保障基金余额达到公司总资产1%时，可暂停缴纳。

当保险公司被依法撤销或被依法宣告破产，其持有的人寿保险合同已转让给其他经营有人寿保险业务的保险公司后，如果经清算，该公司的剩余资产不足以偿付已转让的人寿保险合同的保单利益时，保险保障基金将向受让公司提供救助。2022年10月，银保监会、财政部、中国人民银行联合发布的《保险保障基金管理办法》规定如下：

第二十二条　被依法撤销或者依法实施破产的保险公司的清算资产不足以偿付人寿保险合同保单利益的，保险保障基金可以按照下列规则向保单受让公司提供救助：

（一）保单持有人为个人的，救助金额以转让后保单利益不超过转让前保单利益的90%为限；

（二）保单持有人为机构的，救助金额以转让后保单利益不超过转让前保单利益的80%为限；

（三）对保险合同中投资成分等的具体救助办法，另行制定。

综上所述，我国金融监管机构已经建立起严格、缜密的风险控制制度，能够有效防控保险市场的风险，维护保险消费者的利益。

▶▶▶ **延伸阅读**

中国保险行业协会的作用有哪些？

中国保险行业协会是经银保监会审查同意并在中华人民共和国民政部登记注册的中国保险业的全国性自律组织。

中国保险行业协会依据《保险法》，配合保险监管机构督促会员自律、依法合规经营；组织制定行业标准；维护行业利益；加强保险消费者权益协调沟通机制的构建与维护；为会员提供服务，组织开展行业性的宣传和咨询活动，开展行业内交流；促进市场公开、公平、公正，全面提高保险业服务社会的能力。

100 保险公司被依法撤销或被依法宣告破产时，金融监管机构是如何接管的？

小丽：我国法律规定保险公司是可以被依法撤销或被依法宣告破产的，撤销或破产后会暂时由国家的金融监管机构接管。现实中真的出现过保险公司被国家接管的事吗？

小博：咱们国家还真出过这种事，我这就给你讲讲。

▶▶▶ **专业解析**

我国对保险行业的监管经历了从"收"到"放"，再到逐步成熟的过程。在我国保险行业的历史上，保险公司被国家金融监管机构接管的事件曾发生过多次。

2007年，因新华人寿原董事长在任职期间挪用公司资金，保监会首次动用保险保障基金接管了新华人寿。

2007年，中华联合保险公司因经营不善出现了巨额亏损。2009年，保监会介入，动用保险保障基金接管中华联合保险公司61%的股权，并代行相应的股东权利。

2018年2月23日，保监会对安邦保险集团实施接管。

2020年7月17日，银保监会宣布："银保监会决定于2020年7月17日起，对天安财险、华夏人寿、天安人寿、易安财险、新时代信托、新华信托六家机构实施接管，接管期限为一年。"

在这几起重大保险风险事件中，金融监管机构对安邦保险集团的处置过程最为复杂，具有标志性意义。

安邦保险集团曾是堪称魔幻的保险帝国，集团总资产曾达2万亿元，业务规模仅次于中国平安保险公司和中国人寿保险公司，在2017年位列《财富》杂志评选出的世界500强企业。

安邦保险集团疯狂成长的背后是疯狂的资金杠杆。安邦保险集团下属的安邦人寿保险公司2016年度信息披露报告显示，安邦人寿保险公司当年负债总计1.37万亿元，而2016年末其总资产仅为1.45万亿元。

让我们回顾一下这起事件处理的过程。

2018年2月23日，保监会发布公告称，鉴于安邦保险集团存在违反《保险法》规定的经营行为，可能严重危及公司偿付能力，依照《保险法》第一百四十四条的规定，决定对安邦保险集团实施接管，接管期限为一年。与此同时，安邦保险集团原董事长因涉嫌经济犯罪，被检察机关依法提起公诉。

2018年4月4日，安邦保险集团接管组发出公告称，银保监会批复，同意保险保障基金向安邦保险集团增资608.04亿元。增资后，安邦保险集团注册资本金仍为619亿元。（中国保险保障基金责任有限公司披露，截至2022年12月31日，保险保障基金余额为2032.98亿元。）

2019年2月22日，银保监会宣布，依照《保险法》第一百四十六条的规定，决定将安邦保险集团接管期限延长一年。银保监会依法对安邦保险集团实施接管后，在资产处置、业务转型和拆分重组方面采取了多项措施。在确保安邦保险集团主要保险业务稳定运行的同时，按照法治化、市场化的原则，通过公开挂牌等形式，处置出清安邦保险集团与保险主业协同性不强的海外资产及非核心的金融牌照，当时有原属安邦保险集团的超过 1 万亿元的各类资产被剥离。

2019 年 7 月，经银保监会批准，大家保险集团成立。大家保险集团与安邦保险集团进行资产重组，依法受让安邦人寿、安邦养老、安邦资管与安邦财险的股权。重组完成后，安邦保险集团将不再开展新的保险业务。

大家保险集团由中国保险保障基金有限责任公司、中国石油化工集团有限公司、上海汽车工业（集团）总公司共同出资设立，注册资本 203.6 亿元。

2020 年 2 月 22 日，即在接管安邦保险集团两年后，银保监会派出的安邦保险集团接管工作组依法结束接管。相关负责人宣布，"截至 2020 年 1 月，接管前安邦集团发行的 1.5 万亿元中短存续期理财保险已全部兑付，未发生一起逾期和违约事件，保险消费者和各有关方面的合法权益得到切实保障"，同时基本完成世纪证券、邦银金租、和谐健康等非核心金融牌照的处置。

2020 年 9 月 14 日，安邦保险集团宣布将申请解散并进行资产清算。

这次对安邦保险集团进行风险处置的难度系数很高，因为安邦保险集团的企业规模很大，股东、股权及关联交易错综复杂，涉及资产超过 2 万亿元，影响波及超过 3500 万名客户和 3 万多名员工。

在对安邦保险集团重大风险事故进行处置的背后，可以看到，我国保险行业监管体系和风险处置能力逐渐走向成熟。中国保险保障基金有限责任公司在风险事件处理中能够发挥有效作用，切实保障消费者的权益。事实证明，保险公司对消费者的承诺，是可以在金融监管机构的正确引导与监督下得到保障的。

▶▶▶ **延伸阅读**

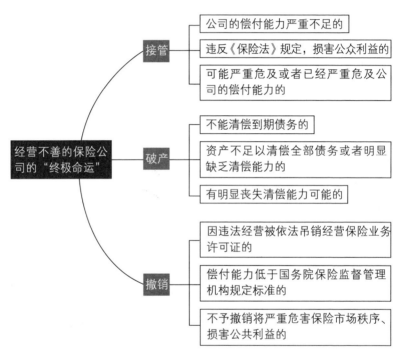

接管
- 公司的偿付能力严重不足的
- 违反《保险法》规定，损害公众利益的
- 可能严重危及或者已经严重危及公司的偿付能力的

经营不善的保险公司的"终极命运"

破产
- 不能清偿到期债务的
- 资产不足以清偿全部债务或者明显缺乏清偿能力的
- 有明显丧失清偿能力可能的

撤销
- 因违法经营被依法吊销经营保险业务许可证的
- 偿付能力低于国务院保险监督管理机构规定标准的
- 不予撤销将严重危害保险市场秩序、损害公共利益的

经营不善的保险公司的"终极命运"